Éthique du développement pour le progrès en Afrique

Collection « Croire et savoir en Afrique »
dirigée par Benjamin SOMBEL SARR et Claver BOUNDJA

Cette collection veut être un lieu d'analyse du phénomène religieux en Afrique dans ses articulations avec le social, le politique et l'économique. L'analyse du phénomène religieux, ne saurait occulter les impacts des conflits religieux dans la désarticulation des sociétés africaines, ni ignorer par ailleurs l'implication des religions dans la résolution des conflits sociaux et politiques. L'approche religieuse plurielle de cette collection a comme objectif d'une part, d'étudier les phénomènes religieux à l'œuvre dans les sociétés africaines dans leurs articulations avec les grandes questions de société, et d'autre part de procéder à une étude scientifique et critique de la religion dans le contexte africain. Elle essaiera de déceler dans la religion non ce qui endort le peuple, mais les énergies créatrices et novatrices capables de mettre l'Afrique debout. Ainsi veut-elle montrer que si la religion peut être un frein au développement, elle est aussi acteur de développement. Le relèvement de l'Afrique doit se fonder sur des valeurs, et la religion est créatrice et fondatrice de valeurs.

Déjà parus

Pierre-Paul MISSEHOUNGBE, *Médias et laïcité au Sénégal*, 2014.
Père Constant Atta KOUADIO, *Foi chrétienne et souffrance humaine. Santé, guérison et prospérité,* 2014.
Jean-Népomucène BUNOKO, *Et ce cadavre !,* 2014.
Benjamin SOMBEL SARR, *Théologie de la vie consacrée. Questions d'inculturation,* 2014.
Hippolyte D.A. AMOUZOUVI, *La religion comme business en Afrique. Le cas du Bénin*, 2014.
Jean-Maurice GOA IBO, *Spiritualité chrétienne et développement en Afrique*, 2014.
ABBAYE CŒUR IMMACULE DE MARIE DE KEUR MOUSSA, *Actes du colloque « Penser la veille Dakar » 10-12 avril 2013*, 2013.

Emmanuel MBOUA

ETHIQUE DU DEVELOPPEMENT POUR LE PROGRES EN AFRIQUE

Préface du Révérend Père Benjamin SOMBEL SARR

L'Harmattan

5-7, rue de l'École-Polytechnique ; 75005 Paris
http://www.harmattan.fr
diffusion.harmattan@wanadoo.fr
harmattan1@wanadoo.fr
ISBN : 978-2-343-04223-7
EAN : 9782343042237

PREFACE

Cet ouvrage du Docteur Mboua a le triple mérite de l'opportunité, de la pertinence et de la consistance. Il aborde la question du développement dans la perspective d'une éthique du progrès. Il apporte ainsi une contribution originale dans le débat sur la théologie du développement. Sortant des perspectives présentées par les théologiens systématiciens : Edoh Bedjra, sous l'angle de l'Eucharistie, Benjamin Sombel Sarr, sur les questions épistémologiques, ainsi que de la dimension de "spiritualité incarnée" prônée par Goa Ibo Maurice, l'auteur affirme d'emblée que l'éthique du développement est une approche qui cherche à améliorer les conditions de vie humaine à tous les niveaux, parce qu'elle est la promotion d'un humanisme de responsabilité solidaire. Le développement ne pose pas dès lors, seulement la question des indices des statistiques et stratégies. Il touche aussi l'homme dans son être et son "être " dans le monde.

Il propose une sortie de la crise africaine par un anthropocentrisme ouvert à la transcendance, à l'amour qui révèle à l'homme la vérité sur Dieu et sur lui-même. En s'ouvrant à Dieu, l'homme peut croître en charité et en responsabilité. Il progresse ainsi en vivant pleinement sa vocation "d'être pour Dieu" et "pour les autres", et devient un témoin actif de la bonté agissante de Dieu dans l'histoire des hommes. Pareille entreprise théologique et pastorale, d'utilité sociale, politique ou publique, nécessite des concepts et des outils pertinents. Utilisant harmonieusement les données de l'anthropologie et de la philosophie dans la convocation bien à propos de Lonergan et de Melchin Kenneth pour nourrir sa réflexion de théologien moraliste, l'auteur aboutit à une théorie et à une praxis de l'engagement responsable.

Les questions de fond et épistémologiques soulevées par Docteur Mboua poussent à la réflexion et ouvrent des perspectives stimulantes pour la recherche en Afrique aujourd'hui. Elles donnent sa place à la théologie morale comme lieu d'interrogation sur l'agir de l'homme selon le cœur de Dieu, dans l'espace public. En montrant comment l'homme est appelé à progresser en tendant vers " le faire bien" dont la mesure est le Christ lui-même, qui est passé parmi les hommes en faisant le bien, il engage un débat de société qui interpelle l'université et la théologie dans l'université sur leur capacité à s'emparer des questions de l'homme pour donner une contribution publique et universelle. Pour cela, Docteur Mboua mérite notre reconnaissance. Posant courageusement le débat sous l'angle de l'éthique et du progrès, au moment où surgissent de nouveaux paradigmes comme celui de la Renaissance ou de la Refondation comme concepts opératoires alternatifs au développement, il enrichit non seulement le débat, mais aussi le champ paradigmatique de la réflexion sur la question. Nous remercions Docteur Mboua pour l'honneur qu'il nous a fait d'être un des premiers lecteurs de cette œuvre qui mérite d'être diffusée, interrogée et discutée.

Révérend Père SOMBEL SARR Benjamin
Professeur de Théologie Systématique
Secrétaire Général de l'UCAO/UUA
(Université Catholique de l'Afrique de l'Ouest-Unité
Universitaire d'Abidjan).

Introduction

L'action du développement pour le progrès est une réalité constitutive de l'être humain, car de part sa constitution, celui-ci passe d'un stade à un autre, c'est-à-dire d'un stade inférieur à un stade supérieur. Dans le même sens, le développement pour le progrès est perçu comme un passage de conditions de vie moins « humaines » à des conditions de vie « plus humaines ».

L'éthique du développement pour le progrès est une approche qui cherche comment améliorer les conditions de vie humaine à tous les niveaux: social, économique, politique, spirituel et religieux. Elle insiste sur l'engagement de chacun et de tous à travers des actes libres et responsables. En somme, l'approche que nous développons s'adresse à tout être humain capable d'opérer des choix de comportements, d'actes et de pratiques dont il sait que l'option peut conduire au progrès ou au déclin. Cette personne est consciente des défis éthiques relatifs au développement pour le progrès. Elle s'engage à vivre les valeurs qui ouvrent au dépassement de soi pour élargir ses horizons de connaissance.

Au regard des réalités quotidiennes, la question du développement pour le progrès demeure. Celle-ci nécessite la participation de tous. Chacun apporte sa contribution selon ses possibilités. Malheureusement, ce n'est pas toujours le cas. Dans plusieurs pays africains, des organisations qui tentent de mobiliser des hommes et des femmes autour d'objectifs spirituels, politiques, humanitaires ou autres, constatent une baisse du niveau de l'engagement. Cela peut se vérifier dans les propos de types, « si je m'engage dans une telle action (organisations communautaires, rencontres de sensibilisation, élections), quel serait l'impact de mon action sur le système actuel ? ».

Dans les familles, les quartiers, les villages et les villes, les adultes sont surpris par la passivité des jeunes devant des actions qui nécessitent la contribution de tous pour l'épanouissement et le bien-être de chacun et de la société. C'est le cas par exemple de ceux qui préfèrent l'oisiveté ou vivent aux dépens d'un membre de la famille. Alors, peut-on bâtir le développement pour le progrès dans un contexte où l'engagement dans des actions concrètes nécessitant responsabilité, créativité et innovation est absent?

Le développement pour le progrès nécessite que l'être humain assume sa responsabilité. C'est de cette manière qu'il pourra promouvoir sa dignité d'homme et de femme qui est de vivre l'amour de soi et de l'autre. Pour Mveng, l'acte d'amour commence d'abord par l'acceptation de soi. C'est « un accueil de soi par soi-même »[1]. Pour ce faire, l'Africain doit combattre le mal par son travail, construire et promouvoir l'amélioration de sa condition de vie ainsi que celle des générations futures. Assumer sa responsabilité, consiste aussi à éviter des attitudes qui pourraient chosifier l'être humain : le gain facile[2], la

---

[1] MVENG, *L'Afrique dans l'Église, Parole d'un croyant,* Paris, 1985 Harmattan, p. 17.

[2] La corruption évoquée d'une façon implicite au point 1.1, est une gangrène qui affecte presque tous les pays africains. Le rapport de la Banque mondiale (Star report, 2007) dénonce l'attitude corruptrice des fonctionnaires des pays en développement qui détournent par an entre 20 et 40 milliards de dollars, soit l'équivalent de 20 à 40 % de l'aide publique au développement. Le rapport précise que les pays qui s'attaqueraient sérieusement à la corruption pourraient avoir une augmentation de 400% de leur PIB. En termes de chiffres pour le

paresse, la vie aux dépens des autres. C'est la raison pour laquelle l'Afrique traditionnelle combattait avec véhémence toute forme de paresse et d'oisiveté. Le travail était une question de valeur et de survie. Celui qui ne travaillait pas était sujet de raillerie de la part de tous.

Restant toujours dans l'idée de l'action du développement pour le progrès, Bujo souligne que cette entreprise « ne concerne pas seulement les plus hauts placés de la communauté, mais chaque membre, même le plus «petit» a le devoir de contribuer à l'accroissement de la vie de tous »[3]. Pour y parvenir, chacun doit avoir une attitude objective par rapport aux valeurs fondamentales reconnues par le sens commun. Ce sera une façon d'assumer des choix qu'il fait dans la vie.

Le développement pour le progrès préoccupe l'homme contemporain. Le terme le plus employé depuis plus d'une vingtaine d'années est le *Développement durable.* L'Afrique sub-saharienne qui est sujette à beaucoup de maux socio-économiques et politiques se bat inlassablement pour la défense des conditions de vie humaine sur le continent. Partout en Afrique, des ONG se créent[4] pour tenter d'apporter leurs contributions dans

---

Burkina Faso, ce pourcentage correspondrait à la somme de 14 587 600 000 F CFA de manque à gagner.
Transparency International (TI) dans son rapport mondial 2006 sur la corruption estime que 50% des fonds alloués aux services de la santé du Ghana ne parvenaient pas aux destinataires. Ces détournements sont l'œuvre de fonctionnaires. www.aeud.fr/COUT-**DE-LA-CORRUPTION**-DANS-LE.html. Consulté le 10 février 2013.

[3] Bénézet BUJO, *Introduction à la théologie africaine*, Fribourg, Académie Press Fribourg, 2008, p. 25.

[4] En 2000, les Etats membres des Nations unies se sont engagés sur un programme ambitieux à atteindre d'ici 2015, appelé Objectifs du Millénaire pour le développement. Malgré leurs engagements dans les domaines tels que l'éducation primaire pour tous, la réduction de la

cette entreprise humaine ; mais l'ampleur des problèmes ne laisse pas paraître les efforts consentis. Au cours d'une rencontre en octobre 2011 à Munich, le journaliste Ivoirien, Venance Konan, rapporte dans un article,

« Mon cas était très grave. Je restai silencieux, en pensant à ces véhicules tout-terrain bien climatisés de cette cohorte d'humanitaires, aux joues roses, bien propres sur eux, qui sillonnent nos brousses, pour nous aider à creuser des puits, planter des arbres, construire des latrines, balayer nos cases, soigner nos nombreuses et vilaines maladies, organiser nos élections sans trop les truquer, pour nous apprendre à alimenter nos enfants, à en faire moins, à respecter les droits de l'homme et surtout de la femme [...].Je pensais à toutes ces femmes et à tous ces hommes en Europe, qui avaient voué leur vie à aider cette pauvre Afrique incapable de se prendre en main, et qui collectaient des médicaments, des livres, des lits d'hôpitaux, des lunettes, des souliers, des béquilles, des vêtements, des vieux ordinateurs, se décarcassaient pour les envoyer dans nos noires contrées. »

Venance Konan illustre par son article les efforts fournis par des personnes de bonne volonté pour donner sa dignité à l'Africain. Malgré ces apports, celui-ci a du mal à se tenir debout. Pour que les actions humaines concourent au développement pour le progrès, ne faut-il pas aller chercher des solutions à la racine même de la personne, notamment dans la manière dont elle saisit le monde et sa propre sensibilité par rapport à son vécu existentiel ?

---

mortalité infantile, la réduction du sida et d'autres maladies, la préservation de l'environnement, la lutte contre la pauvreté, les résultats sont limités.

L'agir des Africains est marqué par les traditions dont ils sont issus. C'est ce qu'affirme Doumbi Fakoli quand il écrit :

« [...] La tradition résumait et continue de résumer l'ensemble des comportements et attitudes par lesquels chaque peuple honore Dieu et ses ancêtres méritants, affirme son existence dans la paix et l'harmonie, et préserve son environnement [...] Plus ancienne que la religion et la civilisation -autre terme récent- la tradition englobe la première et se confond avec la seconde [...] Derrière sa religion et sa civilisation, chaque peuple pratique sa tradition et sa tradition seulement [...] »[5].

Ce point de vue confirme l'impact de la tradition dans le comportement humain. Cela a des aspects positifs et négatifs sur le plan du développement pour le progrès. S'agissant du premier aspect, il donne un contenu et des orientations à l'agir. Ainsi, quand l'être humain fait face à une situation, il n'a pas à réinventer la roue. Il part des éléments de la culture. Sur le plan négatif, les pratiques traditionnelles peuvent être un frein. Vu l'évolution rapide du monde, elles peuvent ne pas répondre aux défis nouveaux qui se présentent. La question qui se pose est de savoir s'il est possible de réaliser le développement pour le progrès sans changer de mentalité et de structures sociales ? En d'autres termes, peut-on réaliser le développement pour le progrès sans dépassement de soi ? Rappelons que le soi est constitué de ce que l'être humain reçoit de l'extérieur et de ce qui vient de son intérieur. Il est appelé à les dépasser afin d'élargir son champ de valeurs, de connaissances, de croyances, d'agir, de compétences.

[5]Doumbi FAKOLI, *L'origine négro-africaine des religions dites révélées*, Paris, Édition Menaibuc, 2004, pp. 10-11

En faisant allusion à l'échec des expériences d'investissements pour le développement et le progrès en Afrique, Christophe Wondji se demandait ce qui faisait échouer ces expériences ; si ce n'est que les valeurs qui fondent ces systèmes s'accordent mal avec les valeurs culturelles des peuples auxquels ils prétendent s'appliquer. Pour lui, l'échec de l'Afrique n'est pas une fatalité mais un processus. C'est parce que nos sociétés n'ont pas opéré certaines mutations internes au cours de leurs processus historiques qu'elles ne répondent pas aux exigences des sociétés modernes. Kä Mana relève que l'aspiration à un développement intégral a du mal à se traduire en véritable méthode de développement. Elle reste souvent au stade d'un vœu pieux, d'une ambition lyrique, d'une promesse incapable de changer les rapports sociaux dans un monde cruel et injuste. Il souligne :

« Le développement intégral demeure ainsi une idée purement théorique, agréable et commode aux yeux de beaucoup, sans que personne ne la pratique en vérité dans nos pays ; elle s'évapore en un mythe que tout le monde exalte parce qu'elle rassemble en lui tous les rêves et toutes les espérances. La réflexion cède la place à la mythologie. Elle se laisse prendre aux pièges des incantations magnifiques sur la nécessité de promouvoir l'homme intégral en Afrique alors que la pratique concrète des églises risque de se réduire à du secourisme charitable pour les pauvres, sans aucun enjeu pour l'ordre social dans son ensemble »[6].

Saint Irénée de Lyon affirmait que la « gloire de Dieu c'est l'homme debout ». Le développement pour le progrès contribue à amener l'être humain à rester debout. Mais pour y parvenir, ses actions doivent pénétrer les

---

[6] KÄ MANA, *Christ d'Afrique. Enjeux éthiques de la foi africaine en Jésus-Christ*, Paris, Karthala, 1994, p. 214.

racines les plus profondes et les droits fondamentaux humains.

Au regard des questions soulevées, nous pouvons affirmer que la question du développement pour le progrès n'est pas seulement de l'ordre de l'avoir ou du quantitatif, comme le soutiennent ceux qui pensent que ce sont les capitaux ou le transfert de technologies qui sont la solution. Elle est aussi de l'ordre de l'être, c'est-à-dire qualitative. Sans négliger le premier aspect qui est important dans le processus du développement pour le progrès, le présent travail mettra surtout l'accent sur le second aspect, à cause de la place qu'il accorde à l'être humain et de l'hypothèse qui affirme que la réalisation du bonheur ne dépend pas uniquement de l'accumulation des biens et des services, même en faveur du plus grand nombre de personnes.

L'éthique du développement pour le progrès est anthropocentrique, c'est-à-dire elle place l'être humain au centre de ses activités. Elle nécessite en ce sens le dépassement de soi, le changement de mentalité pour affronter rigoureusement et rationnellement les défis qui empêchent l'être humain d'accéder aux conditions de vie plus humaines et épanouies.

Les différentes questions soulevées seront abordées sous l'angle de l'éthique sociale. Mais nos sources sont à la fois philosophiques, anthropologiques et théologiques. Nous nous intéressons à la manière dont les opérations de structures de connaissance fonctionnent et quelles voies de recherche éthique apparaissent prometteuses pour un engagement responsable et digne de confiance.

Pour mener notre réflexion à son terme, nous la structurons en trois grandes parties. La première présentera l'éthique du développement pour le progrès à partir de plusieurs sources. La deuxième abordera la question du progrès sous l'angle de l'éthique théologique. La troisième sera balisée par la théorie philosophique de Bernard Lonergan (1904-1984) et la reprise de sa théorie par Melchin Kenneth.

Le choix de Lonergan est dû au fait que, dans le contexte de la mondialisation, son approche tient compte de tout être humain. Elle évite d'appliquer des théories uniformes du développement pour le progrès. Elle fait de la découverte et du dépassement de soi, l'activité principale de sa philosophie et de sa théologie. Ses réflexions sont, en quelque sorte, orientées vers la compréhension des opérations de l'expérience, de la compréhension, du jugement et de la décision qui constituent la vie de l'être humain.

L'approche philosophique de Lonergan peut être aussi conçue comme une invitation à l'engagement, dans une réflexion sur les actes de signification par rapport aux activités reliées à nos vies. Autrement dit, partant des préoccupations sur des projets à réaliser, Lonergan invite tout être humain à prêter attention aux différentes opérations de sens et de significations qu'il déploie dans la poursuite de sa visée. C'est de cette manière qu'il pourra résoudre les problèmes susceptibles d'être un obstacle à la réalisation de son projet de vie.

PREMIERE PARTIE

La première partie veut esquisser une approche éthique susceptible d'aider l'être humain à améliorer sa condition de vie ainsi que celle de son entourage, et à tendre vers le progrès. Dans cette dynamique, la responsabilité personnelle et communautaire s'avère être un facteur déterminant car elle engage l'être humain à donner le meilleur de lui-même, de sorte que son action soit compatible avec la permanence des valeurs humanisantes et d'une vie authentique. Cela invite aussi chacun à choisir des comportements, en sachant leurs conséquences dans la vie en général. Cinq chapitres permettront d'aborder la question du développement pour le progrès. Les cinq premiers constituent une suite dont le suivant éclaire le précédent. Le premier chapitre présentera l'approche définitionnelle des concepts clés que nous utiliserons. Le second fera une analyse des défis éthiques dans le contexte africain. C'est à partir des réalités qui seront décelées, que nous proposerons au troisième chapitre une théorie éthique pour le progrès. Les quatrième et cinquième chapitres développent les conditions nécessaires pour tendre vers le progrès.

CHAPITRE 1 : APPROCHE DEFINITIONNELLE DES CONCEPTS : ETHIQUE, DEVELOPPEMENT ET PROGRES

1.1- Ethique

Pour définir l'éthique, il nous semble souhaitable de faire nôtre la définition de Paul Ricœur. Certains auteurs d'Amérique du Nord utilisent éthique et morale pour désigner la même réalité. En Europe, les deux termes sont séparés. Dans l'étymologie tout comme dans l'histoire, rien n'impose de différence car éthique vient du grec « ethos » et morale vient du latin « mores ». Les deux termes renvoient à l'idée de mœurs, aux pratiques ayant pour objectif de déterminer une manière de bien vivre conforme aux fins de la vie humaine.

Quoique éthique et morale désignent la même réalité, on peut tout de même discerner une nuance, selon que l'on met l'accent sur ce qui est *estimé bon* ou sur ce qui *s'impose* comme *obligatoire*. Sur ce plan, l'expression éthique est réservée pour la visée d'une vie accomplie sous le signe des actions estimées bonnes, et la « morale » pour l'aspect obligatoire, marqué par des normes, des obligations, des interdictions caractérisées à la fois par une exigence d'universalité et par un effet de contrainte. Dans le même sens, Ricœur[7] définit l'éthique comme « la visée d'une vie accomplie », avec et pour les autres, dans les institutions justes. Il conçoit la morale comme l'articulation de cette visée dans des normes caractérisées à la fois par la prétention à l'universalité et par un effet de contrainte.

---

[7] Paul RICOEUR, *Soi-même comme un autre,* Paris, Seuil, 1990, p.200.

Chez Ricœur, l'éthique est téléologique. Elle exprime une finalité, un but, un horizon idéal vers lequel l'être humain marche sans jamais espérer l'atteindre pleinement ici-bas. Retenons que la définition de l'éthique comprend trois termes : un terme réflexif, correspondant à la visée de la vie bonne ; un terme dialogique, se rapportant à « avec et pour les autres » ; un terme régulateur, se référant à des institutions justes. L'éthique concerne donc à la fois « moi », « toi » et « chacun », c'est-à-dire l'estime de soi, la sollicitude ou l'estime de l'autre et l'estime de l'institution. Ce qui est intéressant dans cette définition en rapport avec le développement pour le progrès, c'est que le souci de soi fait de l'être humain, l'acteur d'un agir qui est en rapport avec les besoins qu'il éprouve. Ce qui est fondamentalement estimable en soi-même, ce sont deux choses : d'abord, la capacité de choisir pour des raisons, de préférer ceci à cela, bref, la capacité d'agir *intentionnellement* ; ensuite, la capacité d'introduire des changements dans le cours des choses, de commencer quelque chose dans le monde, bref, la capacité *d'initiative et d'innovation* pour tendre vers la vie bonne. En d'autres termes, l'estime de soi dont parle Paul Ricœur permet à l'être humain de se désigner lui-même comme locuteur et agent de son action.

Tout comme le soi a la capacité d'agir intentionnellement et de prendre des initiatives, l'autre peut aussi en faire autant : se tenir pour agent, auteur et responsable de ses actes. D'où la nécessité de la réciprocité et de la confiance dans la relation avec autrui. Dans la même dynamique, il faut aussi ajouter l'ouverture et la sollicitude, car quoique autrui soit semblable à « je », il est aussi différent. De plus, dans l'existence humaine, tous les aspects de la vie ne sont pas toujours égaux. Les talents et les compétences le démontrent. Chacun a des choses à apprendre de l'autre et vice-versa. Le souci de soi et de l'autre vont de pair ; la relation qui s'établit entre les personnes n'est pas unidimensionnelle, mais symétrique. Elle est une relation de reconnaissance, de réciprocité des personnes entre elles. Par conséquent, l'une a le devoir d'être avec et pour l'autre, et réciproquement. Cela n'est rien d'autre que la sollicitude. Nathanaël Soédé l'explique en soulignant : quand l'être humain « se dit dans le discours, le locuteur affirme sa singularité et s'engage, comme soi. Celui à qui il s'adresse lui parle en retour et il est capable de se désigner comme personne avec laquelle ce dernier est en interlocution. Autodétermination et allocution s'imbriquent comme estime de soi et sollicitude »[8].

Dans le champ social, l'agir se présente comme l'action d'un être humain subie par un autre. L'institution a alors le devoir de réguler l'action en vue du bien de tous les acteurs qui sont en interaction. A ce propos, l'institution doit être juste pour assurer et garantir dans le temps le « vivre ensemble » d'une communauté. C'est ce qui fait dire à Ricœur que l'estime de soi prend en considération l'estime de l'autre et de l'institution, car l'être humain n'est pas une totalité close sur lui-même, mais une histoire qui est le fruit d'autres histoires de vie et d'institutions justes avec lesquelles il entre en interaction.

On peut ainsi entendre par éthique, le souci de soi et d'autrui pour la vie bonne. Cela peut s'exprimer de deux façons différentes. En un premier lieu, pour qu'une action humaine atteigne sa finalité, elle doit être précédée d'une interrogation sur sa légitimité. Ce qui veut dire que l'action pour le développement est réfléchie et correspond

---

[8] Nathanaël Yaovi SOEDE, *Sens et enjeux de l'éthique. Inculturation de l'éthique chrétienne*, Abidjan, Editions UCAO, 2005, p. 74.

au problème réel de l'être humain. Elle répond aux questions du type : Pourquoi ? Comment ? Dans quel but ? Certes, l'éthique pour le développement découle des interrogations, mais comme nous l'avons souligné dans notre livre *Fondements des valeurs éthiques africaines…*, l'engagement pour l'acte nécessite que l'être humain fasse des choix vrais[9]. La recherche de la vérité ne consiste pas seulement à aboutir à la connaissance, mais pour que les choix, les actions et le mode de vie soient bons, dignes d'intérêts.

En second lieu, pour éviter de sombrer dans l'égoïsme ou dans la volonté de tout ramener à soi, le souci de soi doit aller dans le sens de la Règle d'or que résume l'Evangile « Tout ce que vous désirez que les autres fassent pour vous, faites-le vous-mêmes pour eux ; voilà la Loi et les Prophètes » (Mt 7, 12). Cette Règle oriente l'action vers l'universel. En reprenant la pensée d'Aristote qui définit l'éthique comme la vie examinée et réfléchie, le souhait d'aller vers le bonheur, la sagesse et le bien-être existentiel, Ricœur conçoit l'éthique comme la « visée de la vie bonne, accomplie avec et pour autrui, dans des institutions justes »[10]. Ce point de vue implique trois moments forts qui vont ensemble :

- celui de la relation à soi-même : c'est la croyance dans la liberté, qui signifie autre chose que subir les déterminismes naturels et sociaux.
- le deuxième moment est celui de la relation à l'autre, le proche, qui impose le respect et la reconnaissance de sa liberté.

[9]Emmanuel MBOUA, *Fondement des valeurs éthiques africaines. L'idée des biens fondamentaux chez Finnis,* Abidjan, Harmattan, 2012, pp. 90-91.
[10] Ricœur, op. cit., p. 200.

- le troisième moment est celui de la relation au tiers anonyme qui exige la médiation d'institutions justes.

Selon la théorie de Ricœur, l'estime de soi dynamise l'inspiration à la vie bonne, l'amitié, la sollicitude, stimule les rapports interpersonnels. L'éthique peut, de ce point de vue, être considérée comme une sagesse pratique qui peut s'adapter à chaque situation.

1.2- Morale

Le développement pour le progrès obéit à la règle de l'art. Sur ce plan, nous pouvons définir la morale comme un ensemble de normes propres à un groupe social ou à un peuple, à un moment donné de son histoire[11]. Elle est aussi un ensemble de principes, de jugements, de règles, de conduites relatives au bien qu'il faut poursuivre, parce que favorable au développement intégral de soi et au mal qu'il faut éviter. Ces principes varient selon les cultures, les traditions, les croyances, les conditions de vie et les besoins de la société.

D'après les deux définitions, nous pouvons retenir que la valeur est le lieu d'interférence entre l'éthique et la morale. Le fait qu'elle se dit au pluriel et suscite des contradictions et des affrontements que la morale vient réguler, donne ainsi à l'éthique d'atteindre la visée de la vie bonne. C'est par la médiation de la loi que la morale permet de vaincre le conflit de valeurs et favorise la reconnaissance des différences ou des libertés individuelles pour tracer le chemin d'épanouissement des personnes. L'éthique entre dans un rapport dialectique

[11]Rappelons que les termes morale et éthique ont la même étymologie. C'est tout simplement par convention humaine qu'on est parvenu à établir la différence entre elles.

avec la morale qui est de l'ordre des normes et des impératifs[12]. Les règles morales sont nécessaires, car elles maintiennent le lien social pour développer la communion des libertés. L'éthique transcende les prescriptions de la morale, en rendant l'être humain capable de s'accomplir en tant que sujet responsable et sujet agissant.

Une bonne morale n'est pas close et n'implique pas une décision prise à l'avance, mais une morale qui se laisse interpeller par l'exigence éthique. La tension entre morale et éthique est à maintenir et à articuler, afin d'éviter le conformisme de la morale automatique, et l'irréalisme de l'éthique de vivre dans un idéal impraticable. Dans l'agir quotidien, l'être humain est confronté à des choix, dont certains l'embarrassent, les autres étant décidés par habitude. Lorsqu'il est embarrassé, l'articulation de l'éthique et de la morale l'amène à hiérarchiser les valeurs concurrentes.

Nous venons de définir succinctement l'éthique et la morale. Soulignons qu'une éthique du développement pour le progrès doit être en mesure d'intégrer la morale pour avoir un contenu. C'est à partir de ce qui existe que l'être humain est appelé à introduire des changements et des innovations. Donc, il serait réducteur de partir uniquement de la théorie éthique pour fonder l'agir humain. En prenant en considération la morale, l'éthique pourra aider chaque nouvelle génération à actualiser le potentiel d'humanité qu'elle hérite en naissant, afin qu'elle satisfasse toujours davantage les besoins, les désirs et les aspirations dont dépendent son bonheur individuel et collectif, ainsi que la survie même de son espèce.

---

[12]RICOEUR, « Avant la loi morale : l'éthique », dans *Encyclopaedia Universalis. Supplément II*. Les enjeux, Paris, 1985, p. 42.

1.3- Le développement

D'emblée, soulignons que certaines personnes ne font pas de différence entre le développement et le progrès. Elles prennent généralement l'un pour l'autre car dans leurs visées, les deux placent l'être humain au centre de leurs activités et traitent de l'élargissement de ses choix, dans l'optique d'une vie conforme à ses attentes. Or, en y prêtant attention, on parvient à saisir la différence entre le développement et le progrès. Le premier est neutre. Il peut s'orienter vers le positif et il conduit à l'amélioration de la condition de vie, à la perfection, à l'épanouissement de soi et des autres. A ce propos, on peut parler du développement pour le progrès. Par opposition, on peut aussi parler du développement pour le déclin si l'être humain opte pour la voie des vices[13].C'est ce qui fait dire à Gilbert Rist que le concept de développement est un « ensemble de pratiques parfois contradictoires »[14]. Le progrès par contre est positif. Par principe, il tend vers l'amélioration de la condition humaine. Donc, parler du développement pour le progrès, c'est situer l'action dans un processus dynamique permettant à la personne de se réaliser et de s'humaniser. Le progrès est l'évolution de l'humanité vers un état supérieur. Au sens strict, ce mot implique l'amélioration, la perfection. Le but du travail n'étant pas d'établir la différence entre développement et progrès, essayons de les définir pour mieux saisir leur contenu.

---

[13]Pour souligner que l'être humain peut s'orienter vers le progrès ou le déclin, Benoît XVI écrit : « Ignorer que l'être humain a une nature blessée, inclinée au mal, donne lieu à de graves erreurs dans le domaine de l'éducation, de la politique, de l'action sociale et des mœurs ». Benoît XVI, *Caritas in veritate*, p. 47.

[14]Gilbert RIST, « Le développement, histoire d'une croyance occidentale », dans *Presses de Science*, 1997, pp. 34-42.

L'idée du développement est née au lendemain de la seconde guerre mondiale. Qu'est-ce que le développement ? Ce concept ne fait pas l'objet d'une définition unique, acceptée par tous. Son contenu fait l'objet de débat. Déjà, dans son préambule, La Déclaration des Nations Unies du Droit au Développement définit le concept de développement comme suit : « Un processus global, économique, social, culturel et politique, qui vise à améliorer le bien-être de la population et de tous les individus ». Cette définition se rapporte à de bonnes conditions de vie humaine, au bien-être, à l'harmonie, à l'autodétermination des peuples. Mais quel est l'origine de ce terme ? Quel est son sens ? C'est ce que nous découvrirons dans les paragraphes qui suivent.

La notion de développement remonte après la seconde guerre mondiale, en pleine période de décolonisation. Le discours inaugural du président des Etats-Unis, Harry Truman, le 20 janvier 1949, est généralement considéré comme le point de départ. En voici quelques points clés : « Les autres pays occidentaux se sont développés, les autres pays sont sous-développés. – L'Occident doit diffuser pour développer les pays du sud. – Cette mission se veut humaniste : il s'agit de « supprimer la souffrance des populations », « éradiquer les maladies », etc.

C'est de cette manière qu'est né le concept de développement qui regroupe les différents modes de vie et de cultures de l'hémisphère Sud dans une même catégorie : « sous-développée ». Cette genèse montre qu'au départ, le concept de développement était lié à la vie économique. Aujourd'hui, il est défini autrement. Il convient d'en mentionner quelques-unes afin de préciser le sens que nous donnons à celle qui sera utilisée dans ce travail.

Selon l'Ecole anglo-saxonne, le développement est lié à l'économie. Dans ce domaine, il est synonyme de croissance. L'Ecole française adopte une approche plus pluridisciplinaire (prise en compte de l'économie mais aussi de la sociologie, etc.) et holistique. Au-delà de ce clivage, François Perroux conceptualise le développement sous la forme d'une combinaison des changements mentaux et sociaux d'une population qui la rendent apte à faire croître, cumulativement et durablement son produit réel global. Il y a donc une combinaison des facteurs qualitatifs et quantitatifs.

En essayant de synthétiser les définitions de ces deux Ecoles, le développement pourrait être défini comme un processus à long terme, endogène et cumulatif d'augmentation de richesse et de diversification croissante des activités économiques, qui permettent à un nombre croissant d'êtres humains de passer d'une situation de précarité à une meilleure maîtrise de leur propre destin, comme des aléas de la nature.

Rist définit le développement comme un processus naturel au même titre que la naissance et le bourgeonnement d'une plante. Ce processus comprendrait un ensemble d'étapes à franchir (par exemple : une révolution agricole puis une révolution industrielle) et de conditions à remplir (par exemple : bonne gouvernance, respect des droits de l'Homme). Ce qui est remarquable dans cette définition, c'est le fait que le développement se situe dans une dynamique où l'être humain part d'une situation vers une autre qui est plus humaine. En d'autres termes, le développement est une évolution vers un stade plus avancé, vers la perfection. Il est le contraire d'envelopper.

Certes, nous avons commencé notre réflexion par la définition du développement selon Rist ; soulignons, cependant, que cette notion revêt plusieurs définitions. Chacune met en relief l'intérêt qu'elle y accorde. Certaines définitions mettent l'accent sur des aspects techniques, d'autres insistent sur la sphère politique, voire morale.

1.3.1- Perception technique

Sur le plan technique, disons que le développement est un processus qui vise à améliorer la situation d'une population donnée des points de vue économique, social, environnemental et culturel, à partir de l'analyse des intérêts, des besoins et des initiatives de différents acteurs locaux (publics et privés). Il aboutit à la mise en place concertée entre ces différents acteurs d'actions cohérentes.

1.3.2- Perception politique

Le développement local, c'est la volonté politique de certains acteurs de changer la situation qu'ils vivent en entamant un processus et des actions en vue de construire, par leurs efforts conjoints avec le reste de la population, un projet d'avenir du territoire, intégrant les différentes composantes économiques, sociales, culturelles, en articulation avec les autres niveaux de décision et d'action.

Dans les deux définitions, on note des actions en vue d'améliorer la condition de vie de la population à partir de réalités. La différence apparaît à travers la manière de poursuivre cette finalité. Le développement technique est quantitatif et met l'accent sur la production, l'efficacité. Ici, l'analyse des actions peut être effectuée par une tierce personne, autre que celles concernées par le développement. Par ailleurs, le développement économique est qualitatif. Les acteurs sont impliqués y compris ce qu'ils tiennent pour valeurs, traditions et croyances. Ceci montre que la vie ne se réduit pas au bien-être matériel. Elle comprend aussi des valeurs telles que la justice sociale, l'estime de soi et la qualité du lien social. Cette seconde définition a des liens avec ce que les anglophones expriment par le mot *empowerment*, terme construit sur *power* et qui désigne la capacité d'un individu ou d'un groupe à décider pour lui de ce qui le concerne et à participer au débat citoyen. En effet, le développement ne peut se réaliser sans la participation des personnes, c'est-à-dire finalement sans la démocratie. Aussi, Amartya Sen[15] insiste-t-il sur la possibilité effective que les personnes ont ou n'ont pas de définir leur projet de vie et de le conduire en fonction des conditions réelles qui leur sont faites. Ces conditions dépendent, certes des ressources matérielles, mais aussi de données propres à chaque individu ; par exemple la santé, et de données relatives à l'organisation sociale et politique, comme la place dévolue à chacun et la reconnaissance de son rôle.

Nous le verrons plus loin ; mais soulignons cependant que le développement pour le progrès nécessite une démarche en direction du véritable bien de chaque individu, de la communauté et de la société. Elle doit prendre en compte toutes les dimensions de la vie humaine : sociale, économique, politique, intellectuelle, spirituelle et religieuse. Ce qui amène l'économiste François Perroux à mettre l'être humain au centre du développement. Pour lui, le *nouveau développement* est global car il concerne l'ensemble des dimensions de l'homme ; il est endogène car il repose avant tout sur la mise en valeur des ressources internes, et il est intégré car il suppose des

---

[15]Amartya SEN, *Un nouveau modèle économique, Développement, Justice, Liberté*. Paris, Edition Odile Jacob, 2000.

interactions entre secteurs, régions et classes. Il ne peut être que le « développement de tout l'homme et de tous les hommes » »[16].

L'être humain, dans son intégralité, ne peut se réaliser que s'il y a un changement de mentalités et de structures sociales qui engendre un terme réciproque de l'appareil de production par les populations et des populations par l'appareil de production. Dans ce mouvement, l'action part de l'expression endogène des besoins qui conduit elle-même à une recherche des solutions spécifiques à donner à ces nécessités. Dans la même dynamique, on peut dire qu'un vrai développement, selon les exigences propres de l'être humain, n'est pas seulement perçu comme une donnée extérieure. Il implique, surtout de la part de ceux qui interviennent activement dans ce processus et en sont responsables, une vive conscience de la valeur des droits de tous et de chacun, et aussi de la nécessité de respecter le droit de chacun à la pleine utilisation des avantages offerts par la science et par la technique.

En somme, une véritable transformation sociale doit être nécessairement un processus communautaire précis. L'initiative est d'abord locale, étant prise en charge par les premiers concernés. Même si l'apport extérieur s'avère parfois nécessaire, il ne vient qu'en appui et de manière discrète et modérée pour ne pas avoir un effet contraignant. Un tel développement humain authentique ne peut se réaliser qu'en assumant, les uns envers les autres, une responsabilité partagée et un engagement effectif dans la collaboration, qui prennent leur source dans notre nature particulière d'êtres humains et dans notre appartenance à une même famille humaine.

---

[16] François PERROUX, *Pour une philosophie du nouveau développement*, Aubier, 1992, p. 32.

Dans le même sens que la réflexion ci-dessus, Perroux souligne que le développement d'une société est la combinaison des « changements mentaux et sociaux qui la rendent apte à faire croître cumulativement et durablement son produit réel et global »[17]. Il implique un changement, une transformation, observable dans le temps qui affecte l'organisation sociale d'une collectivité donnée et modifie le cours de son histoire. De façon générale, le développement traduit la croissance sur une période relativement longue, observable à partir d'une amélioration de la structure de production, de la qualité de vie et de la mentalité des hommes. Il prend aussi en considération l'évolution des sociétés humaines vers le mieux-être. Le développement intégral rend plus humain.

Pour être intégral, le développement doit se réaliser dans le cadre de la solidarité et de la liberté, sans jamais sacrifier l'une à l'autre sous aucun prétexte. Le caractère moral du développement et la nécessité de sa promotion sont mis en valeur quand on a le respect le plus rigoureux pour toutes les exigences dérivant de l'ordre de la vérité et du bien, qui est celui de la créature humaine. Sur le plan éthique, le développement intégral va au-delà de la sphère économique.

Dans la suite de notre travail, quand nous parlerons du développement pour le progrès, sans mépriser le sens technique qu'on lui accorde, il faudrait surtout lui donner le sens éthique car il prend en considération l'être humain dans son intégralité.

Nous venons de montrer que le développement intégral doit conduire l'être humain au progrès. Mais la question

---

[17] François PERROUX, *L'Economie du XXe siècle,* Grenoble : PUG. 1991, p. 15.

qui se pose est de savoir en quoi consiste le progrès ? Ou mieux, qu'est-ce que le progrès ?

1.4- L'idée du progrès

Le terme de progrès vient du latin *progressus* qui renvoie à l'action d'avancer. Ainsi, le progrès peut se définir comme un processus accumulant des étapes, dont la plus récente est toujours jugée préférable et meilleure, c'est-à-dire qualitativement supérieure à celle qui l'a précédée. Cette définition comprend un élément descriptif (un changement intervenant dans une direction donnée) et un élément axiologique (cette progression est interprétée comme une amélioration). Il s'agit donc d'un changement orienté vers le mieux, à la fois nécessaire et irréversible[18].

Le concept de progrès est utilisé et discuté dans différentes disciplines telles que la philosophie, l'histoire, la politique ou l'économie. Ce terme qui semble naturel au contemporain a été utilisé différemment par des civilisations et des époques : Antiquité gréco-romaine, périodes pré-lumière et moderne.

1.4.1- L'Antiquité gréco-romaine

Comme souligné plus haut, l'idée du progrès est perçue différemment selon les courants de pensée et les époques. Dans l'Antiquité gréco-romaine par exemple, l'histoire révèle que deux écoles s'affrontent et se croisent : le primitivisme, qui voit la décadence, et le progressisme, qui voit le progrès. Leurs visions sont antonymiques. Mais certains auteurs voient le progrès comme une réaction à la décadence. Pour Sénèque[19], la décadence des mœurs

[18]http://alaindebenoist.com/pdf/breve_histoire_idee_de_progres.pdf. Consulté le 30 janvier 2013.

[19] SENEQUE, *Lettres à Lucillius,* 90.

entraîne l'invention de lois. Hésiode va dans le même sens. Celui-ci, dans l'un de ses développements, traite le thème du « mythe de l'Age d'or ». Pour lui, la perfection de la race humaine se situe à l'origine, et le progrès technique est signe de décadence[20].

Contrairement à Hésiode qui conçoit le progrès dans le sens de la décadence, Sophocle dans *Antigone* cherche l'origine du progrès dans l'esprit humain, inventif. Ici, le progrès est constitutif de l'être humain.

Certes, le progrès reçoit des assertions opposées selon les Ecoles, mais il y a des auteurs qui établissent une nuance, en différenciant la technique de la pensée. C'est ainsi que Sénèque considère le progrès technique - pas le progrès des connaissances - comme un danger pour la vie morale, puisque son moteur est l'amour du luxe et du plaisir.

Au 16ème siècle, le progrès liera conjointement les capacités techniques de l'homme, c'est-à-dire ses capacités à modifier son environnement, et ses capacités à inscrire matériellement, concrètement, par le biais du livre et de l'imprimerie, les modalités de son progrès. Ainsi, pour Francis Bacon par exemple, le progrès est sans limite. Parler du progrès humain, c'est ainsi réaliser toutes les choses possibles[21]. Dans son approche, Bacon prône une philosophie rationaliste qui, non seulement doit libérer l'homme, mais encore doit faire de lui le maître et possesseur de l'univers. Descartes propose pareillement aux hommes de se rendre « maîtres et possesseurs de la nature ». En somme, la période tridentine a mis l'accent

---

[20] HESIODE, *Les travaux et les hommes*, p.109 Hésiode est un poète grec du VIII siècle avant notre ère.

[21] Francis BACON, *La Nouvelle Atlantide*, Paris, G.F., 1983, p. 119

sur le progrès. Les êtres humains avaient la conviction que grâce à la raison, l'être humain ne peut s'en remettre qu'à lui-même. Bref, c'est une époque qui voit naître dans les esprits une véritable croyance au progrès de l'humanité.

1.4.2- La période des Lumières

Au 18è siècle, le progrès est devenu une notion économique[22], puis scientifique. C'est plus tardivement encore qu'elle a rejoint la notion d''innovation, au point d'y être confondu. En termes d'archéologie du savoir, la culture technique préindustrielle apprit lentement à théoriser la capacité des sociétés à progresser et à découvrir, non sans débats et désaccords, que le progrès pouvait être pensé comme une potentialité. La culture technique de la première industrialisation, au contraire, s'est fondée sur la notion de progrès, en basculant de la potentialité à la puissance, et en assimilant le progrès à la science. La culture technique de la seconde industrialisation, qui s'est élaborée à partir des années 1880, franchit un pas supplémentaire en assimilant le progrès à l'innovation, à la capacité d'innover, ce qu'aucune société n'avait encore théorisé.

D'une façon générale, les périodes moderne et postmoderne conçoivent d'abord le progrès du point de vue économique (d'ordre quantitatif). Elles nourrissent l'idée qu'une croissance indéfinie est à la fois normale et souhaitable, et qu'un avenir meilleur passe nécessairement

---

[22] Partant du constat que les désirs et les besoins de l'être humain sont insatiables, les économistes classiques (Adam Smith, Bernard Mandeville, David Hume) relèvent qu'il est de la nature humaine de toujours vouloir plus et d'agir en conséquence, en cherchant en permanence à maximiser son intérêt. Cette conception montre que l'être humain doit se dépasser perpétuellement.

par l'accroissement constant du volume des biens produits qui favorise la mondialisation des échanges. Cette idée inspire aujourd'hui l'idéologie du développement qui continue de regarder les pays du Tiers-monde comme en retard par rapport à l'Occident.

1.5- Analyse critique de la notion du progrès

Avec l'esquisse du tableau historique non exhaustif du progrès, il ressort que cette notion est ambivalente, notamment quand on parle du progrès technique. Tout progrès technique s'accompagne d'avantages et de risques potentiels, qui ne sont pas forcément faciles à anticiper. L'histoire révèle que les grandes étapes de l'humanité ont été marquées par des découvertes scientifiques qui ont libéré l'être humain de certaines contraintes naturelles et ont contribué à améliorer sa vie. Guy Bourgeault précise que « le développement scientifique et technologique des dernières décennies, dont tout laisse prévoir qu'il se poursuivra au cours des années qui viennent, a profondément transformé nos vies »[23]. Le constat du progrès scientifique va de soi, et rien ne semble indiquer que cela cessera. Que ce soit dans la sphère publique, domestique ou privée, il s'est fait de plus en plus présent, venant ainsi modifier le rapport que les humains entretiennent avec leur environnement[24].

D'une part, le progrès scientifique permet de jouir d'une qualité de vie et de santé sans précédent et

---

[23]Guy BOURGEAULT, «La responsabilité comme paradigme éthique ou l'émergence d'une éthique nouvelle » dans R. Bélanger et S. Plourde, *Actualiser la morale ; Melanges offerts à René Simon, 1992,* pp.70-71.

[24]Le terme environnement signifie dans ce texte l'ensemble des éléments qui entourent et constituent le voisinage de l'humain. Il n'est pas question ici d'un rattachement à un courant écologiste.

constamment en croissance : « La santé et la qualité de vie des personnes, par-delà une longévité accrue, se trouve à la fois mieux assurées et pourtant menacées de façon nouvelle par les retombées [...] du développement technologique [...] »[25]. Les vaccins, les greffes d'organes, les nouveaux médicaments, les avancements socio-sanitaires, etc. sont venus améliorer la qualité et surtout augmenter la longévité de la vie. Pourtant, quelques penseurs tels que Mari-JoThiel affirmeront qu'il y a désormais un certain paradoxe entre la longévité accrue de la vie et la qualité de la vie lors des derniers moments. Etant donné le progrès dans le domaine médical, les maladies de type dégénératif sont désormais l'une des principales causes de décès, amenant ainsi une baisse considérable de la qualité de vie en fin d'existence[26].

D'autre part, le progrès scientifique permet désormais aux hommes de mieux comprendre et même de contrôler certains phénomènes naturels, tels que le fonctionnement de la faune et de la flore. Prenons comme exemple les diverses études qui sont présentement en cours, pour ce qui a trait à la reforestation ainsi que le contrôle des animaux en voie de disparition. C'est bien le développement et la connaissance grandissante de la science qui a permis à l'être humain d'obtenir un certain contrôle sur l'ensemble des phénomènes naturels. Ce sont ces mêmes avancées qui lui ont permis de connaître et de comprendre la biologie de la procréation. C'est cette connaissance, entre autres, qui a ensuite alimenté divers débats bioéthiques au sujet de la contraception et de l'avortement.

---

[25]BOURGEAULT, op. cit., pp.70-71

[26]Propos tenus par Marie-Jo THIEL lors du colloque *Notion de santé,* Université Laval les, 25 et 26 août 2005.

Comme le dit Thiel en parlant du paradoxe, la notion de « progrès » doit être nuancée compte tenu des connotations positives qu'on lui attribue régulièrement. Le progrès technique a transformé l'agir humain, mais il est cause de certains problèmes au niveau social. Dorénavant, l'humain possède de nouveaux pouvoirs et bien plus, ceux dont il n'entrevoyait guère la possibilité. C'est ainsi qu'un nouveau rapport de force s'est instauré entre la *nature* et les humains dans un espace et un temps indéfinis, à tel point que la nature est passée de norme de l'action à objet de l'action. Autrement, c'est dire qu'à l'âge des techniques nouvelles, le rapport se trouve inversé : la nature, à l'abri de laquelle l'homme a vécu, se trouve menacée au niveau des grands équilibres qui ont permis à la vie de se développer et à l'homme d'apparaître à son tour, de subsister et de dérouler son histoire.

Outre la transformation de la relation humaine avec la nature, signalons que le progrès technique introduit l'être humain dans des sociétés où « le profit » est le maître-mot. Le reste passe alors en arrière plan. C'est le « revers de la médaille » ; le progrès est en fait un outil au service du profit. Nous oublions parfois les origines et les évolutions des domaines dans lesquels nous progressons. Cela s'est fait souvent au prix de sacrifices humains.

Dans une publication antérieure, nous relevons que les sciences sociales ont généralement écarté la formulation des idéaux moraux et ont favorisé le recours à des facteurs prétendument plus concrets. Grâce aux développements conjoints de la raison instrumentale, de la science, de la technique, de l'économie et de la démocratie, les sciences sociales pensaient se diriger vers un avenir de progrès illimité. Ce qui semblait important, c'était le concret, l'efficacité. Comme conséquence, les valeurs fondamentales ont été ébranlées, voire effondrées. Taylor relève la même chose en affirmant : « quand une société n'a plus de structure sacrée, quand l'organisation sociale et les modes d'action ne reposent plus sur l'ordre des choses [...] elle tourne en un sens, à la foire d'empoigne »[27]. En soi, l'ordre social garanti par le sacré permet de savoir ce qu'il convient de faire et ce qu'il ne faut pas faire : il fonde l'éthique et irrigue l'esprit de solidarité sans lequel la communauté risque de se dissoudre et de disparaître[28]. En même temps, il développe dans chaque personne et dans la communauté le sens des liens profonds avec la totalité du monde : une vision de la responsabilité écologique face à la création. Outre l'atteinte aux valeurs fondamentales, il faut aussi ajouter que la création environnante n'est pas respectée. Elle se dégrade en matières premières ou en moyens assujettis aux fins humaines.

La reprise de la pensée de Taylor vient corroborer l'hypothèse selon laquelle si le progrès scientifique ébranle les mœurs et les assises de la vie en société, voire l'humanisation du monde, il peut conduire à la décadence

---

[27]Propos tenus par Marie-Jo THIEL lors du colloque *Notion de santé,* Université Laval les, 25 et 26 août 2005.

[28]Dans un article de recherche publié par le magazine *Global Policy* fin mars 2013, les chercheurs de l'institut Future of humanity de l'université d'Oxford dressent la liste des cataclysmes qui guettent l'humanité. Le principal enseignement de ces recherches est que l'homme pourrait causer lui-même sa perte. Notamment, à cause des avancées scientifiques non contrôlées, dont on ignore encore les conséquences possibles. Ceci montre que, quand on enlève le sacré, il n'y a plus de limite pour l'être humain et ses activités vont dans toutes les directions sans tenir compte des valeurs morales.
Pour que le progrès technique respecte sa finalité qui est la recherche de l'amélioration des conditions de vie humaine, il faut une réflexion éthique qui est un moyen permettant de bénéficier des innovations sans les subir.

comme le soulignent les primitivistes dans l'antiquité, notamment Hésiode. Cette critique du progrès ne se résume pas à une dénonciation des dangers écologiques du progrès technique. Elle vise la disparition d'un but assigné au progrès qui était d'élargir la gamme des choix offerts à la population, garantissant un développement plus démocratique et participatif. Ces choix devaient comprendre des possibilités d'accéder au revenu et à l'emploi, à l'éducation et aux soins de santé, et à un environnement propre, sécurisé. L'être humain devait également avoir la possibilité de participer pleinement aux décisions de la communauté et de jouir des libertés humaines, économiques et politiques. En somme, le progrès technique, dans sa course effrénée vers l'efficacité maximale, a fini par ne plus se rendre compte que le monde devient de plus en plus inhumain.

Cependant, le progrès technique en soi possède aussi des aspects positifs tels que l'existence d'instruments et des machines capables d'assurer non seulement une parfaite connaissance du fonctionnement de l'univers, mais aussi une domination toujours plus étendue sur la nature. Par ailleurs, l'expérience révèle que cette domination comporte des risques pouvant mettre en péril l'environnement et compromettre l'équilibre du rapport de l'être humain avec la nature. L'Afrique traditionnelle par exemple avait la notion de la forêt sacrée[29]. Ce lieu était

[29] Face au sacré, l'être humain a deux attitudes : le respect de l'interdit ou la transgression. La première attitude le pousse à reconnaître le mystère en tant que tel sans vouloir se l'approprier ni chercher à le saisir. D'où l'apparition de l'interdit. C'est dans ce mystère que l'être humain est convié à rechercher son salut. Ce qui veut dire en d'autres termes que la reconnaissance du mystère conduit l'être humain à être à sa place, à ne pas se considérer comme le centre de tout ce qui existe. Le mystère devient le centre et la référence de sa vie et de son histoire.

respecté car le sacré préserve la nature y compris ce qu'il y a de plus fondamental en l'être humain : la vie. Aujourd'hui, avec l'exploitation abusive des forêts, les lieux symboliques ne sont pas épargnés et l'harmonie de l'être humain avec le cosmos est aussi ébranlée.

Dans la dynamique de ce qui précède, soulignons que les moyens mis en œuvre pour les projets se sont révélés efficaces, capables de surmonter les obstacles et de produire beaucoup de biens. Malheureusement, cela conduit à une société de consumérisme : l'être humain semble n'être considéré que comme pouvoir d'achat. Hannah Arendt a souligné le caractère des objets courants et en a déduit que « la réalité et la solidité du monde humain reposent avant tout sur le fait que nous sommes environnés de choses plus durables que l'activité qui les a produites »[30]. Ce point de vue d'Arendt montre que les objets durables et solides qui servaient par le passé sont menacés par le principe de la compétition, de la rentabilité et du profit qui produisent des pacotilles et des objets jetables. On en tire comme conséquences, des catastrophes écologiques dont la dégradation de l'environnement, car l'être humain se trouve lui-même entouré de façon nocive de ces objets.

En somme, le progrès technique, engendrant la consommation, a banalisé et faussement rendu nécessaire l'exploitation de la nature, la détérioration, la pollution et l'exploitation humaine. La civilisation technique doublée de la consommation de masse a considérablement affaibli nos conceptions morales. Il y a un véritable vide éthique.

Par ailleurs, en détruisant le sacré, il n'y a plus de limite ni d'interdit. Ce qui constitue un danger pour un développement harmonieux.

[30]Hannah ARENDT, *Condition de l'homme moderne*, Paris, Calmann-Lévy, trad. Georges Fradier, 1961, p. 108.

Pour tendre vers un monde plus humain, soulignons que le progrès technique, la volonté de planification qui le guide, l'usage des ressources et la manière de les utiliser, ne peuvent pas être séparés du respect des exigences morales.

Eu égard à ce qui précède, on pourrait se demander ceci : le progrès sur le plan technique n'est-il pas décadence du progrès sur le plan moral ? Le sens réel du progrès est l'augmentation de notre puissance grâce aux progrès scientifiques et techniques. Le progrès moral est une conséquence directe de ce premier type de progrès. Toute augmentation de puissance implique une nécessaire responsabilisation. D'autre part, la somme de connaissances mises en jeu implique un investissement collectif et par là même, de plus en plus une responsabilisation collective.

L'analyse critique montre que le progrès technique néfaste modifie notre condition à l'aveugle. Bien plus, il modifie ce qui était en fait accepté car on n'avait pas imaginé et encore moins réalisé autre chose. Avec la technique, on pense dominer la nature alors qu'en fait on ne la maîtrise pas : on introduit sans cesse de nouvelles formes technologiques sans rien savoir ou presque de l'équilibre des formes dans la nature.

L'une des conséquences du progrès technique est le rétrécissement du vaste champ des valeurs fondamentales. Ce qui peut constituer une entrave au développement pour le progrès. Paul VI l'a bien compris quand il souligne que « le développement ne se réduit pas à la simple croissance économique. Pour être authentique, il doit être intégral, c'est-à-dire promouvoir tout homme et tout l'homme »[31].

Ce propos mérite qu'on s'y arrête. A l'analyser, nous voyons que Paul VI ne réduit pas le développement à ses aspects quantitatifs : « Pour être authentique, le développement doit être intégral, c'est-à-dire promouvoir tout homme et tout l'homme ». Le développement est présenté comme « le passage de conditions de vie moins humaines » (carences matérielles et morales, structures oppressives) «à des conditions de vie plus humaines » (possession du nécessaire, acquisition des connaissances et de la culture, respect de la dignité des autres, reconnaissance des valeurs). Aujourd'hui, le concept de progrès technique, voire le progrès économique est en crise. On comprend mieux que la pure accumulation de biens et de services, même en faveur du plus grand nombre de personnes, ne suffit pas pour réaliser le bonheur humain. Et par suite, la disponibilité des multiples avantages réels apportés ces derniers temps par la science et par la technique, y compris l'informatique, n'apporte pas non plus la libération par rapport à toute forme d'esclavage. L'expérience des années les plus récentes démontre au contraire que, si toute la masse des ressources et des potentialités mises à la disposition de l'homme n'est pas régie selon une intention morale et une orientation vers le vrai bien du genre humain, elle se retourne facilement contre lui pour l'opprimer.

En résumé, nous avons montré qu'il y a une nuance entre le développement et le progrès. Le premier est neutre tandis que le second est positif. Mais en donnant un aspect positif au premier, nous affirmons que les deux ont le

---

[31] Paul VI, *Sur le développement des peuples, « Populorum Progressio »*, Lettre Encyclique du 26 mars 1967, n°14.

même objectif : élargir les choix de l'être humain dans la perspective d'une vie conforme à ses attentes et à ses besoins. Les deux termes ont des ressemblances au point qu'on peut utiliser l'un à la place de l'autre. D'une façon générale, développement et progrès visent à améliorer la condition de vie de l'être humain, en faisant passer celui-ci d'une situation à une autre qui est supérieure et plus humaine.

Les courants de pensée évoqués plus haut appréhendent différemment le progrès. Certains trouvent que le progrès technique recèle des bienfaits nobles dont l'homme contemporain ne peut se passer. C'est le cas de la communication et de la médecine. La première parvient à rapprocher les hommes, malgré la distance qui les sépare. Elle fait du monde un village planétaire. Ce qui se passe dans une localité est connu mondialement. La seconde arrive à prolonger l'espérance de vie de l'humanité. Bref, les exemples montrant les bienfaits du progrès technique recouvrent plusieurs domaines. Mais nous préférons nous limiter aux deux évoqués plus haut.

Malgré les nombreux avantages qu'offre le progrès technique, plusieurs auteurs suggèrent de l'aborder avec prudence, c'est-à-dire d'avoir l'avis juste et trouver la juste mesure pour ne pas asservir l'être humain dans sa vision du monde. Dans cette mise en garde, Sénèque avance que le progrès technique conduit « à la décadence des mœurs ». Cette affirmation s'avère vraie si l'être humain se laisse emporter par la raison instrumentale qui ne cherche que l'efficacité et la production.

Pour terminer l'analyse critique, soulignons qu'il y a conflit entre les progrès techniques et politiques (ou moral comme vu dans la définition des concepts). Les premiers continuent d'avancer en asservissant l'être humain. Rousseau avait prédit que le progrès des arts et des sciences aura pour conséquence inévitable la décadence de l'humanité. Ce qui nous éloigne de l'idée de développement politique, pour un progrès réel et partagé, dans un monde qui aurait la capacité de répondre aux besoins des générations suivantes, sans compromettre ceux des générations futures.

Sur le plan éthique, nous partageons le point de vue des auteurs, tels que Paul VI qui affirme que le développement intégral va au-delà de la sphère économique (développement technique). Un vrai développement prend en considération les ressources et les potentialités de l'être humain. Il articule à la fois le progrès technique et le progrès politique (moral). En d'autres termes, le progrès technique ne peut être séparé des exigences éthiques qui contribuent à l'humanisation du monde. Ses actions peuvent être évaluées selon la forme et le degré d'humanité auxquels il permet de parvenir ; et ce, d'après sa capacité de faire accéder l'être au statut de personne et de promouvoir tout ce qui protège et favorise l'intégrité psychique et physique de la personne.

Après cette présentation générale, en nous limitant à un espace bien précis, l'Afrique, pouvons-nous déceler des facteurs qui sont des obstacles au développement pour le progrès ? Dans la section qui suit, nous tenterons de dégager quelques enjeux éthiques découlant de l'agir des Africains.

CHAPITRE 2 : DEFIS ETHIQUES POUR LE PROGRES EN AFRIQUE

Dans la réflexion faite plus haut, nous avons vu avec *Antigone* que le progrès se situe dans l'esprit humain. Il est constitutif de l'être humain. Des études sur la préhistoire montrent comment les premiers êtres humains travaillaient déjà à développer des termes pour améliorer la vie communautaire. Selon Melvin DeFleur et Sandra Ball-Rokeach, « ce fut la capacité de communiquer de façon plus précise qui permit le développement croissant des technologies complexes, des mythes et des légendes, des systèmes explicatifs, logiques et moraux et des règles de comportement qui ont rendu possible la vie civile »[32]. Cette citation corrobore l'hypothèse selon laquelle le progrès est constitutif de l'être humain. Il appartient à son essence. Contrairement aux animaux qui agissent par instinct et reproduisent toujours la même chose, l'être humain est appelé à utiliser sa raison pour se doter des moyens afin d'améliorer sa condition de vie et parvenir ainsi à sa réalisation.

Pour tendre vers sa perfection et son humanisation, l'être humain doit être créatif, inventif et innovateur, c'est-à-dire apporter quelque chose de plus qu'aucune société auparavant n'avait encore théorisé. C'est la définition que le siècle des Lumières a donnée au progrès.

Pour revenir à notre problématique, nous nous demandons quels sont les facteurs qui empêchent le progrès en Afrique ? Malgré la diversité des ONG qui se créent et se succèdent, la condition de vie demeure fragile et précaire.

---

[32]Melvin L. DeFleur et Sandra J. Ball-Rokeach, *Teorie delle communicazioni di massa*, Bologna, il Mulino, 1995, p. 19 (la traduction est de nous).

En Afrique, des efforts sont déployés chaque année pour conduire les peuples vers le développement pour le progrès : la promotion d'une existence plus saine et l'éducation de qualité, la protection contre la maltraitance, la lutte contre l'exploitation et la violence, la lutte contre le VIH-Sida. Mais pourquoi le développement pour le progrès a du mal à se réaliser dans ce continent noir ?

Depuis des décennies, des auteurs africains se sont penchés sur la question du développement afin de donner à l'Africain sa dignité d'être humain. Des études (d'ordre culturel), surtout dans le domaine politique, sociologique, anthropologique et théologique ont abordé ce sujet[33]. Malgré l'importance et l'aide accordées au développement pour le progrès (durable), l'Afrique est toujours confrontée aux nombreuses difficultés et aux obstacles majeurs annihilant les efforts consentis. Plusieurs facteurs sont évoqués. Les plus récurrents peuvent être définis en termes de manque de probité, de sorcellerie imbibant l'esprit de l'être humain dans l'attente d'un bonheur hasardeux au détriment de l'ingéniosité de l'innovation, de conception flexible et élastique du temps, du culte de l'autorité.

2.1- Les entraves au développement pour le progrès en Afrique

En nous inspirant de l'analyse du philosophe Njoh Moelle, essayons de développer les facteurs que nous

---

[33] Les auteurs dont les écrits sont pertinents sont : Daniel ETOUNGA-MANGUELLE, *L'Afrique a-t-elle besoin d'un programme d'ajustement structurel ?,* Paris, Nouvelle du Sud, 1990 ; Axelle KABOU, *Et si l'Afrique refusait le développement* ?, Paris, Harmattan, 1991 ; KÄ-MANA, *Théologie africaine pour temps de crise. Christianisme et reconstruction de l'Afrique*, Paris, Cerf, Karthala, 1993.

venons d'évoquer. Nous avons déjà souligné le progrès de la créativité et de l'inventivité de l'être humain. Cette dimension semble ne pas être suffisamment développée. A ce propos, rappelons que l'absence d'esprit scientifique dans l'agir et les prises de décision sont des causes considérables. L'esprit scientifique est caractérisé par un souci de rigueur, de précision, d'exactitude, d'objectivité et de respect des normes. C'est l'esprit rationnel. Or, l'analyse du vécu des Africains laisse paraître des carences dans ce domaine. On peut citer des exemples en voyant des arts africains, de la poterie, des maisons traditionnelles. Les styles n'ont pas évolué. Ce sont toujours les mêmes représentations. On a l'impression qu'il y a un refus de s'engager dans un autre développement que celui légué par le passé historique. C'est ce qui fait d'ailleurs dire à Njoh Moelle que « L'Afrique se comporte comme si elle n'avait plus rien à inventer. Tout aurait déjà été créé pour elle et il ne s'agirait plus que de s'installer dans son fauteuil de jouisseur. On ne travaille pas, on « bouffe » ; on ne gère pas, on prend sa part de gâteau national ; on n'administre pas pour l'intérêt général, on place des frères de tribus et des parents pour qu'à leur tour, ils appliquent « la politique du ventre »[34].

L'analyse de ce point de vue que nous venons d'évoquer fait ressortir dans l'agir des Africains des manquements au devoir de probité à travers des actes tels que la concussion et la corruption. A ce propos, soulignons que la corruption associée au culte de la facilité entretiennent une attitude passive permanente de consommation peu soucieuse de production endogène. Cela se trouve encore aggravé au plan individuel comme

---

[34]Ebenezer, NJOH MOUELLE, *La philosophie est-elle inutile* ?, Yaoundé, Editions Clé, 2003, p. 64.

au niveau de chaque groupe social ou ethnique, par une insuffisance d'appropriation du projet de construction d'un destin commun au plan national. Voyons quelques entraves au développement pour le progrès.

2.2- La corruption

La corruption est l'une des entraves au développement pour le progrès. Plusieurs pays essaient de la combattre, mais le manque de rigueur fait qu'elle persiste toujours. Par exemple, au Cameroun, on parle de l'opération épervier[35], du programme « CHOC ». Dans sa charge, ce programme mène une étude sur les niveaux d'implication dans la lutte contre la corruption dans ce pays. Les résultats de ses travaux montrent que la volonté de combattre la corruption baisse considérablement lorsqu'on passe du stade politique au stade pratique de l'opération. En d'autres termes, ceux qui réclament un engagement ferme de la part du gouvernement pour la lutte contre la corruption sont plus impliqués et montrent une faible volonté de lutte contre le fléau.

2.3- La superstition

Outre les facteurs susmentionnés qui peuvent facilement entraîner la société au déclin, là où l'être humain doit réfléchir, délibérer et choisir, certains Africains préfèrent la voie de la superstition, de la chance et de la malchance. Njoh Moelle illustre bien cette attitude en disant que chez certains Africains, la chance et la malchance, quand ce n'est pas la sorcellerie, sont régulièrement invoquées pour justifier, soit les réussites,

[35] L'opération épervier est le nom donné par les médias à une vaste opération judiciaire dans le cadre de la lutte contre la corruption au Cameroun.

soit les échecs, et même la survenue des accidents de la circulation quand bien même la victime n'a pas pris en considération l'état défectueux des pneus de sa voiture, ni vérifié la sûreté du système de freinage avant de prendre la route[36].

Dans le même ordre d'idées que ceux qui misent sur la chance et la malchance, il faut ajouter la soumission à des puissances invisibles enserrant toute la communauté dans un étau de préceptes et de tabous innombrables. C'est à ce propos que Manwelo dira que le mal de la cité est « le fait que la culture africaine est une culture de la magie et de la sorcellerie. L'attrait à la sorcellerie pour l'Africain est irrésistible. C'est pour bien des Africains le moyen approprié pour résoudre des problèmes ; un moyen privilégié pour résoudre les conflits. La sorcellerie est partout : au gouvernement, dans la vie ordinaire [...] »[37]. A travers les attitudes que nous venons d'évoquer, on est porté à dire que les actions en Afrique sont marquées par l'influence de l'irrationnel, avec un système de vie qui épouse dans une exubérante pathologie, la magie et le fétichisme. Ainsi bloqué par l'influence de l'irrationnel, l'Africain refuse la nouveauté, la créativité et le risque de l'innovation.

2.4- Le parasitisme

A l'instar de ceux dont l'action repose sur la chance, la sorcellerie et non sur la rationalité, il existe aussi ceux qui

---

[36]Ebenezer, NJOH MOELLE, *L'éthique au service du développement*, Conférence du décembre 2012.

[37] Paulin MANWELO, « Chasser le culturel, il revient au galop ! », dans *Culture Africaines, démocratie et développement durable,* Actes des VIIIe journées philosophiques de la faculté de saint Pierre de Canisius/Kimweza, Edition Loyola, Canisius, 2005, p. 49.

refusent de prendre leur destin en main pour affronter la vie avec ses réalités. Quand bien même ils s'engagent, devant les activités et les projets qui nécessitent l'organisation structurelle avec des structures, le courage et la persévérance, ils se résignent ou modifient des choses selon leur gré. Bref, ils sont incapables de prendre des options fondamentales et poser des actes qui contribuent à leur réalisation comme individu et à celle de leur communauté. Au nom de la solidarité fraternelle par exemple, ce genre de personnes se met facilement à la charge des autres. Il s'agit là du *parasitisme* qui, au nom de l'hospitalité africaine, pousse certaines personnes à s'établir chez des membres de famille, des connaissances, des amis ou chez quelqu'un de la même région et croient avoir le droit de vivre dans l'oisiveté aux crochets de ceux qui les hébergent. Avoir de telles attitudes, c'est ignorer ou abuser de la vraie tradition africaine qui ne cautionne nullement l'oisiveté, la paresse et, partant, le parasitisme. D'après la tradition, comme hôte on pouvait sans doute être dispensé du travail pendant un petit moment, mais au plus tard le troisième jour, on devait participer aux activités de la famille hôte pour l'aider dans des tâches diverses qu'elle avait à accomplir pour maintenir et accroître la vie[38] de tous. C'est dans ce sens que Mwalimu Julius K. Nyerere avait relancé cette célèbre sagesse africaine : « Traite ton visiteur comme hôte deux jours, mais le troisième jour donne-lui une houe ». Dans l'Afrique traditionnelle, l'hôte savait de lui-même qu'il devait lui aussi participer « aux travaux de ménage, des

---

[38]Comme nous le verrons au prochain chapitre, la vie est l'idéal sur lequel les traditions africaines bâtissent leur vision du monde et fondent les normes sociales. Dans ces traditions, chaque membre de la communauté a le devoir de donner la vie aux autres. C'est de cette manière que tous pourront participer au développement et à la construction de la société.

champs et autres pour alléger le poids qui pesait sur l'épaule des parents, amis ou connaissances qui l'hébergeaient »[39]. Il savait pertinemment qu'il n'avait pas le droit de se soustraire à cette entraide destinée à donner la force vitale en interaction. En un mot, l'hôte traditionnel africain n'attendait aucunement le troisième jour pour qu'on lui impose une houe, c'est plutôt lui qui prenait les devants, car il savait ce que la communauté attendait de lui.

Pour montrer la nécessité de la participation de tous à la vie communautaire, un roi d'Abomey, ville historique du Bénin, avait pour emblème une jarre trouée en plusieurs endroits avec des doigts pour boucher chaque trou. Cet emblème signifie que, si chacun apporte son doigt pour boucher un trou, la jarre trouée pourrait contenir de l'eau pour la communauté.

2.5- Le poids de la tradition

Terminons l'analyse non exhaustive des obstacles au développement pour le progrès en invoquant le poids de la tradition. L'analyse des valeurs culturelles africaines fait généralement ressortir la fraternité, la solidarité, l'hospitalité, l'entraide, l'endurance comme des éléments positifs favorisant l'épanouissement individuel et collectif. Pour l'Africain, vivre la relation, voire l'intégration dans le groupe est une nécessité liée à la survie. Dans ce contexte, les anciens représentent pour la jeunesse des modèles à imiter. Leurs paroles sont perçues comme ayant une sagesse pouvant conduire à la survie de soi et du groupe. Dans cette entreprise visant à léguer aux jeunes

---

[39]Bénézet BUJO, *Donne-nous aujourd'hui notre pain quotidien, in: id., Le Notre Père. Son impact sur la vie quotidienne. Méditation d'un théologien africain,* Editions Paulines, Kinshasa, 2001, p. 67.

générations des valeurs sociales, les aînés jouent un rôle important. Leur tâche est de perpétuer un système de valeurs qui garantit la pérennité de la communauté.

Ainsi, dans l'Afrique traditionnelle, l'aîné détient tout le pouvoir. Celui-ci lui a été conféré par la position que son âge lui permettait d'avoir. Chaque membre de la communauté est conscient de son statut et du rang qu'il doit occuper. Donc, le plus âgé veille au respect de l'ordre social. Gardien des coutumes et détenteur de la science des ancêtres, il relève du sacré et est doté des pouvoirs de malédiction et de bénédiction. Il joue également le rôle de conseiller et de modèle auprès des jeunes.

Certes, l'observation des valeurs traditionnelles africaines comporte des avantages, mais le revers de la médaille peut être considéré comme un facteur d'instabilité de la société, car les mentalités habituées aux valeurs traditionnelles perpétrées de génération en génération peuvent s'adapter difficilement à l'évolution de la société, où chacun doit déterminer ce qui est bon pour lui en fonction de sa quête de sens. D'ailleurs, dans de tels milieux, enfreindre une loi des ancêtres est une faute morale.

Le défi éthique ici n'est pas seulement le fait d'enfreindre les lois morales, mais le conflit de génération. Ce qui était évident et nécessaire du temps des anciens peut ne pas l'être pour leurs enfants et petits-enfants. Bien souvent, l'esprit conservateur des aînés n'aide pas à se débarrasser de certaines pratiques qui n'ont plus lieu d'être. Comme nous l'avons évoqué dans le livre *Fondement des valeurs éthiques africaines* […], dans un cadre comme celui-ci, c'est la tradition qui règle tout. Ni les normes ancestrales, ni les mythes, ni l'autorité du

« chef » ne sauraient être mis en cause. Cet état de fait laisse très peu de place à la créativité, à l'agir personnel et à l'esprit critique[40].

En outre, retenons qu'il y a dans les cultures africaines certains éléments qui sont susceptibles d'être un frein pour le développement du progrès au sens moral. Parmi ces obstacles, on peut citer : la corruption, l'égoïsme, l'immédiateté, la propension magique, l'insuffisante conception du monde, le poids de la tradition…

En résumé, cette section fait ressortir les principales causes qui empêchent le développement pour le progrès, voire la diversification des possibilités pouvant amener l'Africain à faire des choix pour améliorer ses conditions de vie. L'histoire révèle que le développement pour le progrès n'est pas une donnée innée, ni quelque chose qu'on sert sur un plateau. C'est plutôt le fruit d'un dur labeur, de créativité et d'engagement. C'est l'expression endogène des peuples qui pousse à l'innovation. C'est ce que l'histoire raconte des pays de l'Occident qui étaient animés, dans cette aventure, par l'idéologie productive de l'humanisme et du culte du progrès et de la rationalité, aux dépens de l'obscurantisme magico-sorcier des comportements irrationnels, marqués du sceau de la passivité[41].

Il est temps pour l'Africain d'analyser les enjeux du développement pour le progrès dont il est responsable. Ainsi, en surmontant les obstacles, il pourrait s'inspirer de la manière dont les autres se sont montrés ingénieux pour se développer. Le temps de s'enfermer dans des représentations traditionnelles, parfois folkloriques,

---

[40] Emmanuel MBOUA, *op. cit,* pp. 214-215.
[41]Ebenezer NJOH MOELLE, *op. cit.*

n'ayant plus d'impact sur la vie humaine, est révolu. Il est donc nécessaire que l'Africain change de mentalité pour affronter rigoureusement et rationnellement les défis éthiques qui se présentent à lui, pour une vie bonne et épanouie. Cela devrait conduire à un renouvellement des logiques sociales et des rationalités existentielles dans la manière de penser, de vivre, d'agir et de s'organiser. Au lieu de continuer à être mû par ses origines ou la culture de ses ancêtres, l'Africain doit se mouvoir par lui-même ; sans nier la tradition qui lui donne des assises pour ses jugements, il doit la dépasser, en étant responsable de ses actes et en ayant des objectifs bien précis à atteindre.

L'aspiration de tout être humain étant de vivre heureux, la finalité de l'éthique est d'aider chaque nouvelle génération à actualiser le potentiel d'humanité dont elle hérite en naissant, afin qu'elle puisse satisfaire toujours davantage les besoins, désirs et aspirations dont dépendent son bonheur individuel et collectif, ainsi que la survie même de son espèce. En somme, le développement pour le progrès dépend de l'idée que nous avons de l'être humain. Dans le chapitre qui suit, nous essayerons de définir l'éthique du développement pour le progrès en Afrique.

CHAPITRE 3 : ETHIQUE DU DEVELOPPEMENT ET DU PROGRES

La façon dont on considère l'être humain et la vision qu'on a de son accomplissement déterminent le sens et le contenu du développement pour le progrès. L'analyse critique a révélé que le progrès technique, dans sa course effrénée à l'efficacité et à la rentabilité, s'est éloigné de son objectif premier qui est l'amélioration des conditions de la vie humaine, en élargissant les possibilités de choix. Dans les cultures africaines, nous avons évoqué le manque de rigueur et l'égoïsme qui conduisent au laxisme et à l'extorsion des biens communs. Enfin, nous avons aussi souligné que la très grande place accordée aux valeurs culturelles et aux personnes âgées qui sont les garants des traditions rend difficile l'adaptation de l'être humain aux réalités changeantes. Pour poursuivre notre entreprise de recherche, nous allons nous interroger sur ce qui fonde l'éthique du développement pour le progrès?

3.1- Fondement du développement pour le progrès en Afrique

C'est en l'être humain lui-même qu'il faut chercher la réponse. En effet, en lui, de nombreux éléments se combattent. Comme le soulignent les pères Conciliaires, « d'une part il fait l'expérience de ses multiples limites ; d'autre part, il se sent illimité dans ses désirs et appelé à une vie supérieure »[42]. Le texte conciliaire invite chacun à accueillir ce mystère de l'intérieur, à partir de ses interrogations existentielles, à partir de ses « doutes » et de ses « angoisses ». Ces interrogations mènent parfois au désespoir, note ledit texte. Les questions soulignées sont

[42] *Gaudium et spes,* n° 10.

les suivantes : « la souffrance, le mal, la mort, qui subsistent malgré [tous les] progrès » de l'humanité au 20ème siècle. Si l'être humain est digne de respect, ce n'est pas seulement en raison de sa capacité d'affirmation et de connaissance de soi, qui se heurte à des limites vite atteintes. C'est aussi en raison de son incapacité à résoudre l'énigme de sa propre identité. C'est ce paradoxe mystérieux en l'être humain qui fait exclamer le psalmiste dans la Bible : « qu'est-ce que l'homme pour que tu penses à lui, l'être humain pour que tu t'en soucies? Tu en as presque fait un dieu : tu le couronnes de gloire et d'éclat, tu le fais régner sur les œuvres de tes mains; tu as tout mis sous ses pieds » (Ps 8,5-7).

Il ne fait pas de doute que pour le psalmiste, le point de départ de l'éthique pour le progrès est anthropologique, c'est-à-dire l'être humain dans sa dignité d'enfant de Dieu, et assumant sa responsabilité vis-à-vis de la création. Dans le même sens, écrit Kant dans les *Fondements de la métaphysique des mœurs*. L'être humain existe comme :
« Une fin en soi, et non pas simplement comme un moyen dont telle ou telle volonté puisse user à son gré; dans toutes ses actions, aussi bien dans celles qui le concernent lui-même que dans celles qui concernent d'autres êtres raisonnables, il doit toujours être considéré comme une fin. […] Les êtres raisonnables sont appelés des personnes, parce que leur nature les désigne déjà comme des fins en soi, autrement dit comme quelque chose qui ne peut pas être employé simplement comme un moyen, quelque chose qui par suite limite d'autant notre faculté d'agir comme bon nous semble. Ce ne sont donc pas là des fins simplement subjectives, dont l'existence, comme effet de notre action, a une valeur pour nous : ce sont des fins objectives, c'est-à-dire des choses dont l'existence est une

fin en soi-même, et même une fin telle qu'elle ne peut être remplacée par aucune autre […] »[43].

Cet impératif vise à signifier que la personne humaine est tout à l'opposé de la «chose » : tandis que les choses ont un « prix » du fait qu'elles peuvent être remplacées par une autre à titre d'équivalent, les personnes ont une « dignité », parce qu'elles sont uniques et ne peuvent être remplacées par rien[44].

Comme le psalmiste et Kant, les traditions africaines situent aussi le point de départ de l'éthique du développement pour le progrès en l'être humain. Pour ce faire, elles invitent chacun à s'atteler au travail dans l'abnégation et la solidarité; à cultiver l'amour dans la détermination, à combattre les obstacles qui empêchent l'être humain de s'épanouir et de se réaliser.

En Afrique, des tendances dites égyptologues placeront le point de départ de l'éthique pour le progrès dans la « vie »[45], c'est-à-dire l'existence même. C'est autour d'elle que toutes les valeurs morales pivotent. Cette vie n'est pas quelque chose de statique, mais elle est dynamique et il revient à chaque membre de contribuer à la maintenir et à la faire prospérer. Comme précédemment évoqué en note de bas de page, chaque membre de la communauté a le devoir de donner la vie à tous, de participer activement à la construction de la société. C'est par les autres qu'on devient une personne, un *être*

[43]Emmanuel KANT, *Fondements de la métaphysique des mœurs*, d Paris, Vrin, 1980, p. 301-302.

[44] Kant, *Ibid*, p. 112.

[45]La vie est une réalité pour un homme et une femme responsables : une épreuve, un combat, un processus pénible où la lutte entre le bien et le mal est toujours à reprendre, autour de nous comme à l'intérieur de nous-mêmes.

authentique. Il s'agit d'un processus permanent qui embrasse la communauté dans sa tridimensionnalité, à savoir les vivants, les morts et les non-encore-nés[46]. Personne dans cette communauté n'a le droit de monopoliser pour soi la vie en tant que bien commun suprême, mais il doit la partager, l'encourager et l'augmenter par tout ce qu'il fait de bien, de bon et de juste.

Dans les cultures traditionnelles africaines, il est facile de comprendre qu'un acte bon fait vivre toute la communauté qui en est fière, alors qu'une action mauvaise est un blâme et une honte pour tous, de sorte que c'est la vie de toute la communauté clanique des vivants qui en ressent le coup. Cela implique la responsabilité communautaire et que la vie ne s'enfante qu'en interaction. Cet enfantement n'est pas seulement d'« en haut en bas », mais aussi en sens inverse d'« en bas en haut ». Par exemple, un enfant, un subalterne, voire un inférieur peut aussi enfanter ses parents, ses supérieurs par le fait que ce qu'il réalise renforce les liens familiaux, épanouit les parents, contribue au bon fonctionnement de la société.

La vie, idéal africain qui donnait le dynamisme à l'humanité, prend en considération l'être humain dans ses différents rapports : rapport au cosmos, rapport aux autres, rapport à Dieu. Tous ces pôles de rapports doivent être pris en considération pour l'épanouissement humain. Si on

---

[46]La relation avec les morts semble plus facile à comprendre, car c'est sur leur héritage que les générations présentes s'appuient, en ajoutant leur créativité, pour construire et développer le monde. Dans la même dynamique, la relation avec les non-encore-nés conduit les vivants à mieux organiser l'avenir pour que les non-encore-nés s'intègrent dans une tradition et aient de quoi mener une vie bonne et épanouie.

met uniquement l'accent sur la domination de la nature, la nature se détruit et l'être humain se fragilise. Coupé des autres, l'être humain se flétrit et s'étiole, car comme dit un proverbe africain, « [...] Séparé de Dieu, il s'éloigne du monde de sens et ouvre les portes à la banalisation du mal ». Ces trois rapports constituent ce que Kä Mana appelle les sources vitales ou le socle des valeurs[47].

Dans les différentes sous-sections qui suivent, nous développerons les rapports que l'être humain doit promouvoir parce que susceptibles de conduire au progrès et à l'épanouissement de soi. Il s'agit des rapports avec le cosmos, avec les autres et avec soi.

3.1.1- Rapport avec le cosmos

Nous avons évoqué plus haut que pour les égyptologues, la vie constitue le point de départ de l'éthique pour le progrès. L'être humain a la responsabilité de faire triompher la victoire de la vie sur la mort[48], car le monde dans lequel nous sommes est un champ de bataille où vie et mort s'affrontent et la vie doit toujours l'emporter.

Partir de la vie ou de l'être humain signifie en d'autres termes que le point de départ de l'éthique africaine repose sur ce qui est vital. La vie est, en effet, une expérience

---

[47]Kä Mana, *Repenser la culture africaine et ses valeurs de civilisation*, www.congoscopi.be. Mise à jour 09 décembre 2009. Chez Kä Mana, ces trois rapports sont exprimés par les termes de : « sens profond de Dieu et du sacré au cœur de la réalité dans toutes les manifestations de sa vitalité ; l'unité anthropologique profonde entre les humains et de la responsabilité active de ces humains les uns à l'égard des autres ; souci de liens indestructibles de communion entre l'Homme et la création comme lieu d'interactions des forces de vie ».

[48] MVENG, *op. cit.*, pp. 7-8.52-53.

dramatique. L'homme, microcosme au sein du macrocosme, vit intensément le drame du combat entre la vie et la mort. La mission qui lui revient d'assurer la victoire de la vie sur la mort oriente et détermine son agir éthique.

L'éthique africaine se révèle ainsi comme une éthique anthropocentrique et vitale : les actes susceptibles de favoriser l'éclosion de la vie, de la conserver, de la protéger, de l'épanouir ou d'augmenter le potentiel vital de la communauté, sont, de ce fait, considérés comme bons et ouverts au progrès ; tout acte présumé préjudiciable à la vie des individus ou de la communauté passe pour être mauvais, donc conduit au déclin. C'est ainsi que l'homme doit identifier, dans un horizon éthique conséquent, les alliés de la vie, les gagner à sa cause, et assurer par-là sa survie qui est en même temps la victoire de la vie. En d'autres termes, le rapport au cosmos, dont il est question dans cette section, invite l'être humain à œuvrer pour qu'il y ait l'harmonie dans le cosmos en général, car le progrès et l'épanouissement de soi et de la communauté passent aussi par l'humanisation du cosmos. Si les activités humaines ne recherchent que du profit et de l'efficacité, cela pourrait avoir des conséquences négatives sur l'être humain.

L'éthique africaine relève que l'être humain est le centre autour duquel pivote tout le cosmos. Elle le considère comme l'être le plus actif, capable de s'élever en accroissant son être. La personne est le cosmos en miniature : le microcosme. Elle récapitule dans son être le cosmos. Etant la synthèse de l'univers, le progrès ne peut se réaliser que si l'être humain s'engage à poursuivre la vie pour lui et les siens, et à l'étendre jusqu'à la nature.

Pour l'approche éthique africaine dont Mveng incarne la figure, chaque élément du cosmos est doté d'une énergie dont la finalité est de renforcer l'énergie vitale. Poursuivre la vie nécessite que l'être humain s'allie aux éléments du cosmos. L'initiation est le lieu de la formation pour ce genre d'action. Ainsi, l'harmonie entre le microcosme et le macrocosme conduira l'individu à travailler, non seulement pour améliorer sa condition de vie ainsi que celle des siens, mais aussi à l'humanisation du cosmos. C'est ce que souligne Mveng quand il parle de relation réciproque et de complémentarité entre les éléments du cosmos : « La vie est une puissance créatrice qui investit le cosmos et en fait son corps, ses organes, le foisonnement des éléments. Entre l'homme et le cosmos, il y a un lien réciproque de nécessaire complémentarité. Sans l'homme le cosmos n'est rien, mais l'homme non plus n'est rien, sans son tissu cosmique »[49]. Ce qui est intéressant dans cette citation, c'est la place accordée à la vie d'autres espèces, en l'occurrence non humaines. Ainsi, en est-il de la flore et de la faune. Dans la même ligne d'idées, comme le dit la théologie scolastique, l'être humain est le prolongement de l'environnement physique. Mveng souligne la même chose en affirmant que l'Africain,

« est à la fois du monde des vivant et celui des morts ; il est esprits, animaux, minéraux ; il est feu, il est l'eau, il est vent ; il est… ciel et terre. La liturgie africaine, c'est le cosmos qui emprunte la voix de l'homme pour adorer Dieu et célébrer la victoire de la vie sur la mort. Le vêtement liturgique est à la fois masque et dépouilles animales, végétales et minérales. La matière de rite est eau, feu, sang, plantes, animaux ; tout cela récapitule l'Eglise de la célébration cosmique, c'est-à-dire la

---

[49] MVENG, *op. cit.,* p. 44.

communauté de foi où toute la création s'exprime dans l'homme vivant »[50].

En somme, le développement pour le progrès nécessite que l'être humain intègre le cosmos dans le processus de la réalisation de soi. Pour que le progrès technique reste fidèle à son objectif initial, il doit chercher un juste équilibre pour ne pas exploiter de façon abusive la nature car le mauvais usage peut avoir des conséquences sur l'être humain. Aujourd'hui par exemple, l'Afrique, tout comme d'autres continents, fait face à des malaises plus ou moins prononcés. Certaines maladies telles que le cancer se propagent en des proportions non connues, dans l'Afrique traditionnelle ; les érosions gagnent du terrain, le changement climatique se fait de plus en plus sentir, et a des conséquences même sur le plan agricole.

Au total, soulignons que, pour qu'advienne le développement pour le progrès, il est important que, tout en poursuivant son bonheur et son bien-être, l'être humain sache protéger l'environnement qui le porte. S'il agit en maître absolu et continue d'exploiter le cosmos sans retenue, il court le risque de le détruire et de s'anéantir lui-même. A ce propos, Hans Jonas donne le principe suivant : « Agis de façon que les effets de ton action soient compatibles avec la permanence d'une vie authentiquement humaine sur terre. », ou encore : « Agis de façon que les effets de ton action ne soient pas destructeurs pour la possibilité future d'une telle vie »[51]. Loin de s'émerveiller devant les réalisations du progrès technique qui ne sont pas forcément les voies d'humanisation de soi et de la nature, l'être humain doit

[50] MVENG, *Idem.,* p.11.
[51] Jonas HANS, *Le principe de la responsabilité*, Paris, Editions du Cerf, 1991, p. 30-31.

apprendre à maîtriser ses désirs insatiables de produire toujours davantage et toujours de plus en plus, avec des moyens raffinés qui ne tiennent pas compte de l'humanisation de la terre.

Nous avons dit plus haut que l'être humain est une partie du tout. Pour le progrès au sens politique, voire moral et qualitatif, certains philosophes soulignent que « c'est le tout qui donne réalité et sens à la partie, en l'occurrence à l'homme. Il ne s'agit dont pas simplement pour l'homme de respecter la nature au motif que, ce faisant, il détériorerait son biotope ; il ne s'agit même pas de discipliner les comportements et les techniques qui risquent de griller le milieu ambiant. Il s'agit, plus radicalement, d'admettre que la réalité de l'homme est la réalité même du tout. De ce tout, l'homme n'est qu'une partie »[52]. Donc, l'être humain doit prendre conscience que, bien qu'il soit au dessus des autres créatures, sa vie n'est vraie et n'a de sens que s'il intègre ce tout dans ses actions.

Pour récapituler nos idées, soulignons que l'éthique du développement pour le progrès invite l'être humain à faire un usage rationnel du cosmos. Il doit le protéger et l'humaniser. Certes, il n'existe pas de protection absolue car l'être humain doit sa vie à des éléments du cosmos. Mais l'usage rationnel conduira l'être humain à assumer sa responsabilité, en limitant ses actions sur l'environnement. Pour ce faire, il faut l'éduquer sur la question de la nature, afin qu'il comprenne qu'en prolongeant la victoire de la vie sur la nature, il protège en même temps son existence. Car les conséquences peuvent constituer une menace pour sa santé et son bien-être.

---

[52]Michel SCHOYANS, *La force cachée de l'ONU*, Paris, Le Sarment, 2000 p. 49.

Outre le rapport avec le cosmos, le développement pour le progrès passe aussi par la conscience d'appartenance à une société donnée, et par le rapport de solidarité. C'est ce que nous développerons dans la sous-section qui suit.

3.1.2- Rapport aux autres

Dans le premier rapport développé, nous avons souligné que l'être humain fait partie d'un grand tout qui est le cosmos. Le développement pour le progrès nécessite le prolongement du combat vie-mort dans la nature pour que celle-ci puisse en profiter, sinon la vie de l'être humain risque de se fragiliser.

Le combat vie-mort concerne aussi l'harmonie que l'être humain doit entretenir avec ses pairs. L'une des caractéristiques de l'éthique africaine est la considération de l'être humain, non pas comme un individu isolé, mais comme un membre d'un groupe, d'une communauté. En effet, l'individu ne vaut que parce qu'il appartient à un groupe. Ce qui veut dire que la personne est un être relationnel. En tant qu'être relationnel elle ne peut vivre, ni grandir, ni s'épanouir en dehors d'un réseau de relations avec ses semblables. La relation à l'autre est structurelle de l'être humain ; mais elle demande d'être vécue de façon rationnelle pour contribuer à l'épanouissement de la vie et au progrès de soi et de la communauté.

Cette partie de réflexion mettra l'accent sur le sens de l'appartenance et de la solidarité dans la poursuite des biens communs, de l'ouverture pour le développement de ses potentialités et de ses connaissances.

Les cultures traditionnelles africaines offrent un contenu riche qui permet de poursuivre le développement pour le progrès. Elles appréhendent celui-ci d'un point de vue social et communautaire que d'un point de vue individuel, car ce qui est important c'est de protéger non pas l'individu mais le groupe. Bien évidemment, cela ne signifie pas que l'individu n'est pas important mais plutôt qu'il réalise son accomplissement dans la relation aux autres, à la communauté. En d'autres termes, la personne ne peut trouver sa propre réalisation uniquement en elle-même, c'est-à-dire indépendamment de son être « avec » et « pour » les autres[53]. Une telle conception amène chacun à valoriser et à s'engager pour le développement du bien commun. Ce bien exige d'être servi pleinement, non pas selon des visions réductrices amenant certains ou quelques groupes à confondre en permanence l'intérêt particulier avec l'intérêt général, le « bien commun » avec le « particulier et personnel ».

Le rapport aux autres nécessite un engagement pour le bien commun. C'est là une des façons de vivre la solidarité, l'hospitalité et la coopération. La solidarité appelle à la coresponsabilité, c'est-à-dire que tous les membres de la communauté se sentent responsables de la vie du groupe et chacun apporte sa contribution pour le développement. Cela signifie qu'il y a dans cet acte la responsabilité communautaire, car la vie ne s'enfante qu'en interaction. Comme déjà insinué au début de ce chapitre, cet enfantement est réciproque. De fait, un enfant

---

[53] L'homme réel est nécessairement toujours le membre d'un ensemble social. Il est même impossible d'imaginer l'existence d'un homme séparé du reste du genre humain et non relié à la société. L'homme, comme homme, est le produit d'une évolution sociale. Son caractère éminent entre tous, la raison, ne pouvait émerger qu'au sein du cadre social de relations mutuelles.

lui aussi peut enfanter ses parents pour la raison que ce qu'il réalise renforce les liens familiaux, rend heureux et épanouit les parents.

Pour favoriser la solidarité, les cultures traditionnelles africaines étaient organisées au départ pour que règnent l'harmonie et l'unité dans le groupe. Autrement dit, elles veillaient à ce que le fondement de la solidarité soit bon afin que chaque membre puisse en tirer profit. Tous les membres de la communauté comptaient sur la solidarité pour résoudre tous les problèmes qui viendraient à survenir et pour être présents pendant les moments difficiles.

Chez les « Beti » du Cameroun, l'« *Avuman* » est l'affirmation de soi qui se traduit par la solidarité organique en vigueur dans les communautés et aussi le désir de reconnaissance par les autres[54].

Chez les « Mahi » du Bénin, les termes « *Mène* » ou « *Nonvi* » désignent en même temps les parents, l'appartenance et l'identification à un bien que l'on partage[55].

L'idée centrale dans la solidarité est le partage, la mise en commun de l'ensemble de relations à l'intérieur d'une communauté. Sur ce plan, c'est tout le monde qui y participe : chacun à la mesure de ses moyens. Cela peut être caractérisé comme la pratique d'une justice contributive (*iustitia contributiva*) dans le sens où l'a suggérée la Lettre Pastorale des Evêques d'Amérique du

---

[54]Camille KUYU MWISSA, *Parenté et Famille dans les Cultures Africaines*, Paris, Karthala, 2005, p. 21.
[55]GANDJI, *Terre, Parenté, Droit chez les Mahi (Dahomey)*, Thèse, Paris, LAJP, 1978, p. 112.

nord intitulée : « *Economic for All* »[56]. Cette forme de justice et concrètement la relation dialectique fait que ce qui est reçu d'une partie rend l'autre capable de garantir le bien commun et de faire croître la force vitale de tous. Il ne s'agit donc pas d'une participation passive en tant que receveur de bienfaits, mais en même temps ce qui est reçu écarte du chemin des obstacles possibles et pousse à la construction active de toute la communauté dans toutes ses dimensions. La force des liens intimes dépend de la nature du bien partagé mais aussi du processus d'intégration. Par la solidarité, il est difficile, dans la plupart des cultures africaines, de parler, de raisonner en individu, de ne penser qu'à soi, et donc de prendre ses décisions en solitaire.

Parler de la solidarité africaine ne veut pas dire que les intérêts individuels ne sont pas pris en considération. Comme le souligne Keba Mbaye, « l'individu garde tout de même sa liberté et les spécificités de ses droits dans la communauté devant laquelle il s'efface en attendant en retour la satisfaction de ses besoins fondamentaux »[57]. On voit là une sorte de solidarité sans faille entre les membres d'une même famille et d'un même clan. Cependant, elle est parfois source de fainéantise, d'oisiveté ; prenons en exemple ceux qui vont rester chez un membre de la famille sans participer à quoi que ce soit. Il faut aussi y ajouter la complicité dans le mal. Souvent au nom de cette solidarité, on ne dénonce guère les mauvais actes commis par un membre de la famille. Ces aspects négatifs

---

[56]Voir National Conference of Catholic Bishops, Economic Justice for All. Pastoral Letter on Catholic Social Teaching and the U.S. Economy, Washington D.C. 1986, no 71ss.

[57]Keba MBAYE, « La charte africaine des droits de l'homme et des peuples », dans *Essays honnour of Judge Taslim Olawale Elias*, Vol. 1, 2004, p. 444.

demandent d'être transcendés pour le bien véritable et juste.

Dans la société traditionnelle africaine, le développement pour le progrès n'est pas d'abord l'affaire de l'individu en tant qu'entité isolée du groupe, de la communauté et la société en général. Comme l'affirme Jean Bruyas, « la destinée individuelle repose sur le salut collectif, c'est-à-dire la sauvegarde de l'unité mystique globale »[58]. Autrement dit, l'être humain séparé de sa communauté et de la société se trouve privé de tout ce qui peut l'amener à sa réalisation et à son épanouissement.

La dimension relationnelle n'est pas uniquement la spécificité des traditions africaines car il n'existe pas de société où l'être humain évolue seul, au-delà du cadre familial et social. Mais quand on fait la comparaison entre l'Afrique et l'Occident, le constat révèle que l'Afrique y accorde plus d'importance. Par rapport aux fléaux empêchant le développement pour le progrès, l'importance accordée à la relation sociale devait être un appui pour combattre l'individualisme et l'égoïsme qui conduisent certaines personnes, voire des groupes à s'approprier des intérêts communs. Or, parler de la relation dans l'Afrique traditionnelle renvoie à un cadre de solidarité où tous les membres sont considérés comme une entité. Chacun se sent concerné par ce que vivent les autres. L'importance d'une telle attitude est que l'autre est considéré comme un autre soi. Personne n'est indifférent à la vie commune et aux intérêts communs.

En dehors des limites relevées au constat, soulignons que les cultures africaines ont des atouts pour le

---

[58]Jean BRUYAS, *Les sociétés traditionnelles de l'Afrique noire*, Paris, Harmattan, 2001, p. 25.

développement pour le progrès : la solidarité, l'hospitalité, la coresponsabilité et la sauvegarde de l'environnement, pour ne citer que ceux-ci. Etant donné que la culture englobe la totalité de valeurs et de réponses spécifiques imaginées par un groupe humain pour résoudre les questions d'ordre existentiel, le rapport aux autres aurait un grand intérêt à s'ouvrir à d'autres traditions ou éthiques pour se moderniser, pour le rejet systématique des valeurs non édifiantes de sa culture et sauver par là des valeurs positives[59]. Donc, le développement pour le progrès postule une approche pluriculturelle, dialogique[60] et une ouverture à l'universel. C'est la raison pour laquelle Njoh Moelle va au-delà des cultures africaines pour viser la culture d'ordre scientifique. Il souligne que « la culture dont nous parlons n'a rien de particulier ; elle est plutôt l'expression de l'aspect scientifique de toute culture particulière. En tant que telle, elle est d'abord culture des individus pris isolement et non culture d'une société globale »[61]. Pour lui, le déclin dans la vie n'est pas seulement de l'ordre de l'avoir, mais aussi de l'ignorance. L'ouverture à d'autres cultures permet de repousser cette ignorance, d'élargir des horizons de connaissance et d'enrichir des actions pour le progrès.

---

[59]Avant de s'ouvrir à l'universel, il est important pour l'Africain d'effectuer une analyse rigoureuse, de ses pratiques et de sa culture, en mettant à profit les résultats les plus éprouvés des sciences humaines.

[60]Compte tenu des critiques relatives au développement et aux progrès techniques, le point de départ du dialogue avec d'autres cultures ne doit pas être l'efficacité de la science, ni sa rentabilité. Mais tout ce qui donne à la personne sa dignité et l'humanise. Bref, tout ce qui peut contribuer à renforcer la vie (relation) pour qu'elle triomphe de la mort. Ce dialogue doit aller dans le sens du principe catégoriel de Kant, stipulant que l'agir humain ne doit pas seulement considérer l'autre comme un moyen mais une fin.

[61]Ebenezer NJOH MOELLE, *De la médiocrité à l'excellence*, Yaoundé, Edition Clé, 1998, p. 150.

L'ouverture à d'autres cultures introduit l'être humain dans l'universel. Aujourd'hui, la mondialisation, les moyens de communication, les voyages, les migrations, la circulation des biens font de notre planète un village global. Cela devrait susciter en tout être humain, précisément en tout africain, la conscience nouvelle de la responsabilité dans l'avenir de l'humanité. Cette conscience de partager le même destin remet en lumière l'unité de l'être humain avec le cosmos comme développé plus haut, l'unité du genre humain, et l'unité de la personne avec elle-même, comme nous le verrons dans la prochaine section.

3.1.3- Rapport à soi

Cosmique et relationnel, l'être humain est aussi un sujet individuel. S'il est dans le cosmos et que le cosmos est en lui, il se tient aussi devant le cosmos comme le centre de conscience : il connaît l'univers, le maîtrise et le transforme. S'il vit en société et entretient des relations avec ses semblables, il est aussi devant la société : la regarde, l'étudie, se positionne et s'affirme devant elle. Le développement pour le progrès, notamment dans le sens politique ou moral exige que l'être humain ait une relation à soi. Cela consiste à se tourner vers soi pour unifier son être souvent morcelé par des conflits opposant des intérêts, des goûts et des besoins divergents, divisé entre la séduction de l'avoir et l'appel de l'être. Le rapport à soi implique que l'être humain prenne conscience des défis éthiques qui se présentent à lui et de se mettre en mouvement pour chercher des solutions. Le but de cette action est la transformation et la réalisation de soi comme sujet libre et autonome, comme partie du cosmos et comme membre d'une communauté humaine. C'est aussi la réalisation d'une activité qui correspond aux besoins vécus et éprouvés par l'être humain. Le rapport à soi doit conduire au maintien d'une tension équilibrée et harmonieuse entre les différents pôles (rapports au cosmos et aux autres), afin de découvrir la façon d'être qui est propre à l'individu sans uniquement se laisser mouvoir de l'extérieur.

Le travail mené plus haut révèle que les pratiques traditionnelles africaines ont tendance à valoriser le groupe au détriment de l'individu. Cela a des aspects positifs, notamment dans la lutte contre la corruption, la poursuite des intérêts et des objectifs communs. Cependant, il peut être un obstacle du point de vue éthique dans ce sens qu'il laisse peu de place à l'initiative et à l'esprit critique de la personne. Celle-ci n'a pas assez de liberté pour choisir son mode de vie, prendre des décisions comme elle entend parce que le poids de la communauté pèse sur elle. Cette partie du travail essayera de montrer l'importance du rapport à soi dans le processus du développement pour le progrès, notamment pour la créativité et l'inventivité.

Les réflexions menées dans les sections précédentes ont souligné que l'être humain est une partie du tout qui est le cosmos. Il est aussi membre d'une communauté humaine. Sa mission consiste à faire triompher la vie du mal. Dans le processus du développement pour le progrès, il doit étendre cette victoire au cosmos et à son entourage. Mais dans ce mouvement, soulignons que le rapport à soi est déterminant car l'action responsable découle du dedans, voire des actes libres.

Le soi est la caractéristique qui permet de distinguer l'être humain comme un tout uni. C'est en quelque sorte l'identité et la conscience de la personne. Dans l'anthropologie chrétienne, le soi ne signifie pas la liberté de faire n'importe quoi sans tenir compte de l'environnement, des autres et des structures sociales. Il implique à la fois la relation et l'ouverture. Il a une portée sociale. Etre libre ou autonome, c'est quitter la spontanéité primitive à l'instar des animaux et l'attachement fusionnel au groupe[62]. C'est se laisser mouvoir du dedans à partir de ses convictions pour des valeurs qui valent la peine d'être poursuivies et recherchées.

Grâce à la liberté et à l'autonomie, l'être humain peut se dépasser en s'arrachant aux déterminismes. Devant ce dépassement qui a des exigences, il ne doit pas regarder en arrière en fixant des pratiques ancestrales qui ne fonctionnement plus aujourd'hui[63]. La croissance se réalise par le dépassement des phases antérieures pour accéder aux suivantes : de l'enfance à l'adolescence, à la jeunesse, à la maturité, à la vieillesse. Bref, le rapport à soi est appelé à se dépasser pour devenir meilleur.

La notion de soi est culturellement définie. La pensée hindoue la conçoit comme « le centre supérieur et ultime de la personnalité, au-delà du Moi et du Je, ouvert au Cosmos, à l'Univers, à l'Humanité, au divin, dont il fait d'une façon ou d'une autre partie »[64]. En Amérique du

---

[62] L'attachement fusionnel se manifeste surtout dans la solidarité. Dans cette dynamique, tout est partagé dans la communauté, les bons comme les mauvais moments. Ce sentiment de solidarité a pour corollaire l'hospitalité, la coopération. La coresponsabilité fait que la communauté s'intéresse à tout ce que fait l'individu. Les activités de ce dernier sont presque « surveillées ».

[63] Sur ce plan, chacun peut dresser la liste des pratiques de sa culture qui constituent un obstacle pour le progrès.

[64] Pierre PELLETIER, *Les thérapies transpersonnelles, Montréal*, Fides, 1996, p. 467.

nord, le soi exprime l'identité de la personne. Dans notre travail, nous associons les deux définitions. C'est un soi comparable à ce que Paul Ricœur appelle l'estime de soi. Dans le même sens, Thierry Verhelst affirmait qu'une « sainte estime de soi est la condition *sine qua non* de tout épanouissement, qu'il soit personnel ou collectif ». Ce qui veut dire en d'autres termes, qu'on ne peut pas vouloir le développement et sous-estimer ses propres valeurs et sa propre personnalité. Aujourd'hui, il n'est pas rare de rencontrer des personnes qui se sous-estiment. Pour des projets, des activités et des engagements qui nécessitent des décisions et des choix personnels, elles s'en remettent à d'autres. Or, quand l'être humain n'estime pas ses propres valeurs, il lui sera difficile de développer ses potentialités de manière avisée pour intervenir devant n'importe quelle situation. Il reste dépendant des autres.

En parlant de l'estime de soi, Paul Ricœur établit une nuance entre l'estime de soi et l'estime de moi. Dans le processus du développement pour le progrès, ce qui est fondamental c'est que le soi a la capacité d'agir, d'accomplir des actions rationnelles en lien avec les désirs et les besoins de l'être humain et de la communauté en général. C'est ce qui est intéressant ; il n'agit pas par formalité mais avec intentionnalité et conscience. La personne est à l'origine de ce qu'elle fait. Elle développe sa capacité de réaliser quelque chose. En effet, l'estime de soi conduit l'être humain à faire face aux différentes hostilités qui empêchent le développement pour le progrès.

Par définition, la capacité de la personne recouvre deux composantes. La première retrace ce qu'elle est effectivement en mesure d'accomplir dans un contexte précis en fonction de ses caractéristiques propres, et en utilisant des ressources qu'elle a reçues de la tradition. La seconde part de la capacité potentielle de la personne, c'est-à-dire ce qu'elle pourrait utiliser dans un contexte différent et qui démontrerait sa capacité à choisir ceci ou cela et à réaliser des actions particulières non initialement prévues. En somme, partant de ce que la personne a reçu de la tradition ou de ce qui existe, elle peut réaliser une potentialité qui est sienne. Egalement, elle peut introduire des changements dans les choses qui existent et peut aussi se montrer créative et inventive. Dans ce sens, le soi est encourageant car l'être humain se reconnaît comme acteur de son agir et sujet de ses désirs et des ses besoins. Autrement dit, le rapport à soi permet à l'être humain de s'exprimer à partir du dedans, de se réaliser comme sujet personnel, social, dans son originalité propre et selon les dispositions innées et de ses conditions existentielles. C'est une façon de développer l'espérance que les choses changeront. Ainsi, le rapport à soi motive car l'action découle des motivations profondes de la personne.

Le rapport à soi amène l'être humain à développer son intériorité qui doit déboucher sur des actes concrets et à la créativité. Pour Njoh Moelle, ce développement doit être spirituel mais aussi pratique. Il affirme : « la véritable intériorité appelle à l'extériorité pour s'y manifester, pour être réellement et non imaginairement. C'est une telle intériorité que l'éducation devra favoriser »[65]. Ce faisant, il faut pour le rapport à soi une implication concrète au travail. C'est la raison pour laquelle l'Afrique traditionnelle encourageait au travail. Elle voulait que personne ne meure de faim ; cela signifie qu'on combattait avec véhémence toute forme de paresse et d'oisiveté. Celui qui ne travaillait pas était sujet à la raillerie de tous.

[65] NJOH MOELLE, op. cit., p. 144.

Le développement pour le progrès voudrait que l'humain s'accomplisse comme individu et membre d'une communauté. Ainsi, l'être humain est appelé à développer une intériorité qui le transcende et le projette dans l'avenir. Comme le disait Paul Valadier, « l'absence d'une telle intériorité signifierait une existence rabaissée, limitée aux horizons de l'immédiat, proprement abêtie »[66].

Dans un tel cadre, le rapport à soi conduit l'être humain au développement de ses capacités pour avoir la liberté de mener une vie bonne et accomplie. Le processus du développement pour le progrès dans le sens politique conduit l'être humain au dépassement de soi, pour un soi plus épanoui. Pour y parvenir, il est important qu'il renforce ses capacités individuelles et collectives, à travers le lien aux autres, à la communauté et à la société toute entière, tout en luttant contre les obstacles au développement intégral.

Comme nous avons vu plus haut, le soi transcende le moi ou le je qui constitue la personne humaine. Le but de la réflexion n'étant pas de définir l'existence, contentons-nous de dégager la différence qu'il y a entre le soi et le moi. Le soi est ouvert au cosmos et à l'humanité dont il fait partie. Il est aussi ouvert au spirituel, par voie de conséquence, à Dieu. C'est le centre profond de l'être unificateur de l'humain et le principe par lequel celui-ci appréhende le monde extérieur et son monde intérieur. Taylor utilise l'expression de « l'authenticité de soi »[67] pour le désigner.

---

[66]Paul VALADIER, *Du spirituel en politique*, Paris, Bayard, 2008, pp. 17-18.

[67] TAYLOR, *Grandeur et misère de la modernité*, Montréal, Bellarmin, 1992, p. 37.

Par ailleurs, le moi est une partie de la conscience individuelle qui est centrée sur les désirs personnels, les préoccupations propres, les exigences de l'ego. Tout tourne autour de la satisfaction des sens et des plaisirs.

Partant de la différence relevée entre le soi et le moi, nous pouvons déduire que les problèmes liés aux défis éthiques prennent leur source en partie dans le moi, car l'être humain, dominé par l'ego cherche coûte que coûte son bonheur personnel aux dépens des autres. Ainsi, il exploite ses pairs par tous les moyens, il s'accapare des biens communs ; et peu importe si les travailleurs dont il a la charge ne perçoivent pas leur salaire mensuel. La recherche du bonheur personnel conduit aussi à l'exploitation anarchique et abusive de la nature, sans tenir compte des conséquences sur la vie en général. La déforestation et le déboisement en sont des exemples concrets. Les limites du moi peuvent se résumer en termes de volonté de s'emparer de tout sans se soucier des autres et du cosmos.

A ce niveau, il faut conclure en soulignant que le rapport à soi permet à l'être humain d'aller au plus profond de son être, afin de concilier le monde extérieur d'où découlent certains éléments nécessaires pour son accomplissement et sa réalisation et le monde intérieur où il découvre sa nature et développe ses capacités pour le développement intégral. La conciliation des deux mondes ne peut se réaliser que dans l'appropriation des normes culturelles, sociales, car les réalités extérieures sont supérieures à l'être humain et s'imposent à lui.

3.2- Normes dans le processus de la relation aux autres

Il ressort des trois types de rapports développés dans les sous-sections précédentes que le développement pour le progrès ne peut s'accomplir sans discipline[68], sans renonciation aux représentations devenues désuètes. Dans le cadre de la discipline, soulignons que le rapport aux autres se déploie dans une société humaine organisée. Celui qui suit les règles rattache ses désirs et ses décisions à ceux du groupe, pour construire sa vie et celle de tous les membres de la communauté, à travers une expérience marquée par le travail, l'endurance dans le sens du progrès, l'espérance, l'inventivité et le partage.

3.2.1- Obligations morales fondamentales

La relation à l'entourage, notamment aux autres, prend la forme de relation à la société. Dans une société traditionnelle ou moderne, les comportements et les actions humaines sont régis par des lois, des coutumes et des institutions. Leur rôle consiste à favoriser la vie commune, en définissant l'action sociale et en précisant ce que l'être humain peut faire ou non dans sa relation aux

---

[68]Pour montrer l'importance des normes, David Humes souligne que « la nature humaine ne peut en aucune façon subsister sans l'association des individus, et cette association ne pourrait exister si l'on ne respectait pas les lois d'équité et de justice. Désordre, confusion, la guerre de tous contre tous, sont les conséquences d'une telle conduite licencieuse ». Hume montre par-là l'importance des normes. Celles-ci permettent à chaque membre de la communauté de se réaliser pleinement dans la conscience de ses devoirs envers les autres. David HUME, *Enquête sur les principes de la morale*, trad. P. Baranger et p. Saltel, Paris, éd. Garnier-Flammarion, 1991, p. 112.

autres[69]. Autrement dit, elles donnent à l'être humain les outils lui permettant de se situer en rapport avec les repères moraux les plus importants, et elles lui indiquent les directions du progrès et du déclin de la morale. Ce qui veut dire que le développement pour le progrès prend en compte les valeurs reconnues par la culture, la société et le genre humain en général. Pour ne pas tomber dans le piège de certaines critiques qui traitent une telle approche de légaliste ou de conformiste, parce qu'elle ne tient pas compte des besoins de l'individu et de sa vision du monde, comme nous l'avons vu dans les rapports des aînés avec les jeunes, il est important que la structure et les normes gardent leur visée anthropologique. C'est ce que recommande d'ailleurs l'Evangile. Il affirme que « le Sabbat est fait pour l'homme et non l'homme pour le Sabbat » Mc. 2,27-3,6). Ce verset biblique vient corroborer l'hypothèse selon laquelle le fondement du développement pour le progrès se trouve dans la dignité humaine. L'idéal de l'être humain est de suivre ses aspirations intimes et de ne se mettre en mouvement qu'en réponse à l'appel intérieur. Mais à vouloir se déterminer uniquement du dedans, ne risque-t-il pas de tomber dans l'illusion d'être « maître du sabbat », c'est-à-dire de se situer au-delà des référents extérieurs ? Cette attitude ne conduirait-elle pas à développer les maux relevés par rapport aux défis éthiques africains tels que l'égoïsme, le narcissisme, le manque de probité ?

---

[69]La loi est le meilleur moyen que l'on ait trouvé pour garantir les libertés. Si la loi ne règne pas, l'être humain sera soumis au bon plaisir du puissant, à l'arbitraire, et à la fantaisie des hommes. C'est ce qui fait dire à Aristote que, « Voilà pourquoi nous ne souffrons pas que ce soit un homme qui commande, mais nous voulons que ce soit la loi ; parce qu'un homme qui commande, ne commande que dans son propre intérêt, et devient tyran ». ARISTOTE, *Ethique à Nicomaque*, Garnier Flammarion, 1965, Livre V, chapitre 10, 1134 a 25 – b 7.

Parmi les différentes fonctions attribuées aux normes, retenons pour notre étude celle de repère et de référence dans l'action sociale et communautaire, afin de parvenir à un résultat acceptable par la société. Les normes peuvent préserver l'être humain des tentations en dressant des balises concrètes qui indiquent la portée de l'action. Compte tenu de la fragilité et des attitudes réduisant l'être humain au stade animal, les normes offrent un garde-fou indispensable pour le développement. Certes, elles ne donnent ni la force ni le courage dans le processus de développement, mais elles éclairent sur la manière de procéder.

Pour que les normes jouent leur rôle, l'être humain est appelé à les intérioriser par une appropriation personnelle, car sa réalisation et son développement dépendent en partie de l'extérieur, voire de ce qu'il reçoit de la société. C'est ce que nous avons souligné plus haut en disant que l'être humain séparé de sa communauté et de la société se trouve privé de tout ce qui peut l'amener à sa réalisation et à son épanouissement. Dans la même dynamique, soulignons que les normes donnent à l'être humain un contenu pour le jugement et l'appréciation qu'il doit faire, et les décisions qu'il doit prendre. Pour ce faire, il est appelé à en prendre conscience.

En somme, les normes établies dans la société permettent de poursuivre le bien commun, de prévenir les tragédies sociales, de protéger les faibles contre l'exploitation et, de façon générale, elles permettent la concertation visant à accomplir et à maintenir des actions impossibles à réaliser sans un engagement collectif.

Nous venons de voir comment les normes contribuent à la structuration de l'être humain en renforçant son intériorité, afin qu'il s'oriente dans la vie. Cela constitue le premier niveau du processus social des normes. Au deuxième niveau, l'être humain est appelé à assumer sa responsabilité en participant au renforcement et au développement des configurations vertueuses de l'identité sociale. Ce niveau veut que chacun vive la solidarité avec les autres, dans la promotion du développement pour le progrès.

Le troisième niveau des obligations morales veut que, en toute circonstance, l'être humain choisisse toujours des actes susceptibles de favoriser le progrès. Pour ce faire, il doit éliminer les obstacles à ce progrès.

3.2.2- Tension dans le processus du développement

Le processus du développement pour le progrès fonctionne toujours en tensions dynamiques. Tensions entre l'individuel, le relationnel et le cosmique. Tension, d'une part de l'être humain avec ses désirs personnels, en lien avec sa quête de sens et de réalisation personnelle, et d'autre part, l'ouverture à la société et au cosmos. L'équilibre entre les tensions est rompu quand le processus, au lieu d'interagir dynamiquement, entre en compétition et privilégie un seul pôle. Si l'accent est mis uniquement sur le cosmos, cela produit un être dominé par le corps, les biens matériels, le travail excessif, l'instinct insatiable de posséder et de consommer, la recherche excessive du confort et l'amour déréglé de l'argent, l'accumulation des richesses, l'appropriation du cosmos ; cela conduit aux fléaux que nous avons évoqués dans notre constat. Si l'être humain met l'accent uniquement sur le relationnel, il y a le risque de domination et de violence, la fermeture et l'indifférence par rapport à ceux qui ne sont pas de son groupe, l'exploitation des autres. Autrement dit, si le processus de socialisation fonctionne de façon exclusive, il fabrique un être totalement tourné vers les autres, fasciné par le mimétisme et les modes et dominé par les choses ambiantes ; un être qui cherche à plaire à tous et à se conformer aux exigences de la profession, du personnage social. Si l'accent est mis uniquement sur le rapport à soi, cela peut engendrer un être fasciné par l'ego et dominateur, séduit comme un narcisse par sa propre image, rongé par un désir insatiable d'auto-détermination à tout prix et axé exclusivement sur le développement de son potentiel mental : c'est un individualiste. Le processus du développement pour le progrès fonctionne en tensions dynamiques. Les différents pôles doivent interagir et s'influencer mutuellement.

Nous venons de voir que l'action du développement pour le progrès doit suivre certaines normes pour maintenir une tension équilibrée entre le cosmos, les autres (société) et le soi. Dans le même sens, nous soutenons que cette action doit obéir à une méthodologie qui s'articule en trois temps. Le premier temps est relatif à la volonté de lire les défis que lance le monde présent. A ce niveau, l'Africain est appelé à être attentif au monde ambiant, à son entourage et à se laisser saisir par les réalités qui sont les siennes.

Le deuxième temps est celui qui nous amène à comprendre les défis, afin de les interpréter. Selon Lonergan, que nous verrons plus loin, la compréhension est une saisie des relations et des structures intelligibles. Par elle, l'être humain met les éléments contingents en rapport les uns avec les autres et il lui est possible de les expliquer. Après avoir compris, il essaie de formuler ce qu'il a saisi. Cela permet de communiquer l'acte de compréhension et de concevoir des théories, de symboliser les données afin d'en tirer des inférences, d'expliquer sa compréhension du monde afin de pouvoir vérifier son adéquation au réel. En d'autres termes, soulignons que dans cet acte, l'être humain s'appuie sur les données culturelles et traditionnelles, puis les saisit. Avec ce que lui offre le monde contemporain, il peut introduire un sens nouveau à ce qui est compris. Il s'agit là de comprendre autrement la tradition. Ce faisant, il peut apporter un changement qui peut améliorer les pratiques anciennes. Il est donc légitime dans l'action du développement pour le progrès que l'être humain comprenne l'héritage culturel qu'il a reçu. Comme dans les autres sphères d'activité humaine, la compréhension peut devenir de plus en plus adéquate par l'exercice répétitif. Cela peut conduire l'être humain à s'émanciper par rapport aux données existantes. Ainsi, il pourrait se montrer « inventif » et « créatif » comme le suggère Kä Mana.

En somme, la compréhension permet à l'être humain de développer l'esprit critique vis-à-vis de lui-même et du monde ambiant, d'affirmer ses capacités de façon cohérente, intelligente et rationnelle. Dans le domaine du progrès, la compréhension permet de ne pas limiter le champ de l'existence uniquement à son expérience et dans les pratiques de sa culture. Elle permet de se poser des questions à savoir si l'esprit humain ne peut pas découvrir mieux que ce qui existe.

De ce qui précède, nous pouvons conclure que la compréhension est l'outil fondamental pour accéder à la responsabilité morale. Dans la même ligne d'idées, Lonergan écrit : « L'expérience au cœur de notre propos est celle où, clairement et distinctement, la conscience de soi rationnelle prend possession d'elle-même comme conscience de soi rationnelle. Tout conduit à cette réalisation décisive. Et tout en découle. Aucune personne aussi vivante, aussi éloquente, aussi rigoureusement logique, aussi persuasive soit-elle, ne peut la faire à votre place »[70].

Pour reprendre ce qui vient d'être dit, soulignons que le processus du développement pour le progrès nécessite que l'Africain ait dans un premier temps la volonté de lire les réalités et les pratiques de son milieu. Cela nécessite une attention au monde extérieur, afin de percevoir ce qui empêche l'être humain de tendre vers le progrès ou sa réalisation intégrale. Après cette phase, il est important de comprendre les réalités sociales et de les interpréter pour trouver des solutions adéquates. Les actions découlant de cette démarche font de tout être humain un acteur du développement pour le progrès. C'est ce qui fait dire à Albert Jacquard qu'« il ne s'agit pas de comprendre pour les autres, mais de mettre les autres en situations de comprendre (comprendre est aussi important pour chacun de nous qu'aimer; c'est une activité qui ne se délègue pas) [...] »[71]. Certes, il importe à chacun de comprendre les réalités contemporaines, mais la décision pour l'action inclut le point de vue commun de la société, c'est-à-dire le dialogue avec d'autres cultures afin de chercher des stratégies pour le développement.

Après la lecture et la compréhension des réalités contemporaines, le troisième temps est celui de la responsabilité. L'être humain, conscient des problèmes qui sont les siens et avec les matériaux reçus de la culture, de la société et de son éducation, peut s'engager dans des

---

[70] Bernard LONERGAN, *L'Insight, Etude de la compréhension humaine*, Trad. Pierre Lambert, Bellarmin, Montréal, 1996, p. 8-10.
[71] Albert JACQUARD, *Au péril de la science*, Paris, Seuil, 1982, p. 195.

actions concrètes pour son bien-être et celui-de son entourage.

Le prochain chapitre traitera l'importance de la responsabilité dans le processus du développement pour le progrès.

CHAPITRE 4 : RESPONSABILITE DANS LE PROCESSUS DU DEVELOPPEMENT POUR LE PROGRES

4.1- Le concept de responsabilité

L'idée de responsabilité, a inspiré les penseurs de tous les temps, et ce depuis que l'Homme se pose des questions sur le monde et sa place dans le monde. Au quotidien, nous parlons tous de responsabilité, en utilisant d'ailleurs des termes différents : responsable, responsabilité, responsabiliser, responsabilisation. De l'adjectif « responsable » (12ème siècle) d'imputabilité d'un acte fautif et de l'obligation de sa réparation, à celle de conscience du sens de ses responsabilités, des actes posés, des obligations et des devoirs vis-à-vis d'autrui, ainsi, assiste-t-on aujourd'hui à une extension de la responsabilisation individuelle.

Dans une compréhension commune, l'idée de responsabilité implique le plus souvent celle de devoirs ou d'obligations relevant de statuts, de fonctions et de rôles sociaux. Sur ce plan, chacun est responsable de quelque chose envers quelqu'un. Mais que signifie être responsable ?

On reconnaît généralement deux grandes acceptions au terme responsabilité, à savoir la responsabilité légale et la responsabilité morale. La responsabilité légale se divise elle-même en deux types de responsabilités : la responsabilité civile et la responsabilité pénale. La responsabilité civile consiste dans « l'obligation de réparer, dans une mesure et sous une forme déterminée par la loi, le dommage causé à autrui »[72]. La responsabilité pénale renvoie à la situation de punition pour celui qui a commis un crime ou un délit. La responsabilité morale peut aussi renvoyer à l'obligation de réparation des fautes causées à autrui, mais elle n'implique pas forcément des sanctions prévues par la loi. Elle évoque surtout la conscience des actes posés, renvoyant ainsi au sentiment de responsabilité. La responsabilité morale, mais aussi pénale, implique un jugement moral relatif à un fait particulier imputable à un ou plusieurs individus. Il s'agit, au regard de critères spécifiques relatifs à nos conceptions du bien e/ou du juste, d'approuver ou de désapprouver ce qui a été fait. Ces critères varient d'une société à l'autre, d'une époque à l'autre, d'un contexte à l'autre.

On relie généralement l'idée de responsabilité à celle de liberté ; ce qui implique logiquement, que nul ne peut être tenu pour responsable des actes qu'il aurait commis sous la contrainte. Ainsi, l'idée de responsabilité impliquerait non seulement celle d'imputabilité mais aussi d'intentionnalité. Néanmoins, et comme le souligne Marc Neuberg[73] il existe des situations où la question de « l'interprétation exacte de la responsabilité » est loin d'être évidente et ce, notamment « dans les cas de négligence ou d'omission ». Par ailleurs, de nombreux philosophes refusent de limiter la responsabilité morale à la seule intentionnalité et/ou individualité. Abordons maintenant la question de la responsabilité en lien avec le processus du développement.

---

[72] André LALANDE, *Vocabulaire technique et critique de la philosophie*, Paris, PUF., Vol. I et II, 1999, p. 926.

[73] Marc NEUBERG, *La responsabilité, questions philosophiques*, Paris, PUF, 1997, p.4.

4.2- Responsabilité et solidarité sociale

La mise en œuvre du processus du développement pour le progrès ne peut se faire si chacun n'accomplit pas sa responsabilité : responsabilité d'une part de ceux qui sont investis d'un pouvoir civil et culturel. C'est le cas des aînés et des anciens qui sont des garants des valeurs culturelles. Chacun, dans le domaine qui est le sien, doit donner le meilleur aux plus jeunes, afin de perpétuer les valeurs traditionnelles. En tant que valeur sociale, elle peut prendre des significations diverses : elle renvoie donc inévitablement à des valeurs éthiques d'une époque et d'un contexte déterminés. C'est ce qu'on voit dans l'attitude des anciens et des aînés qui devaient inspirer les plus jeunes. Sur ce plan, disons que la responsabilité a un rôle éducatif pour ceux dont on a la charge. Déjà Paul VI le soulignait dans l'encyclique *Evangelii Nuntiandi* : « L'homme contemporain écoute plus volontiers les témoins que les maîtres [...] ou s'il écoute les maîtres, c'est parce qu'ils sont témoins »[74]. Il est capital d'en tenir compte dans le travail pour le progrès. D'autre part, tout être humain est coresponsable du développement pour le progrès. Ici, c'est chacun qui est responsable de l'acte qu'il pose.

4.2.1- Responsabilité personnelle

En somme, la responsabilité personnelle est intéressante dans le processus du développement pour le progrès car la compréhension des actes qu'on pose constitue un atout pour l'innovation, l'invention et la créativité. Nous pouvons illustrer cette affirmation par l'exemple d'un jeune qui commence sa carrière professionnelle. Dans les traditions africaines, nous

[74] Paul VI, *Evangelii Nuntiandi,* n°41.

venons de révéler le rôle des adultes dans la transmission des valeurs aux plus jeunes. A la place des aînés et des adultes, on peut parler des mentors dans les entreprises. Un jeune qui est en début de carrière souhaite généralement réussir, plaire, obtenir de l'avancement. Pour y parvenir, il a besoin de suivre les conseils de ses mentors. Ainsi, il leur accorde sa confiance. Il lui faut passer par là pour apprendre sa profession et acquérir de l'expérience. Ses responsables ont des choses à lui apprendre sur le parcours conduisant à la reconnaissance professionnelle, notamment les aspects techniques et les règles de conduite de la profession. La responsabilité personnelle voudrait que ce jeune en début de carrière, aille au-delà des normes enseignées pour en comprendre l'esprit. La responsabilité personnelle contribue à développer des habiletés permettant à l'individu d'aller au-delà de l'autorité, même des vertus des mentors. L'autorité de celui-ci est bonne, assurément, mais la responsabilité personnelle veut que l'individu aille au-delà.

Dans le même sens que ce qui précède, Ricœur[75]conçoit la responsabilité morale en référence à une fore morale d'imputabilité. Ce dernier concept n'est signifiant du point de vue moral qu'en référence à un concept plus large et riche de l'être humain capable d'initiative, « qui cause effectivement des changements dans le monde »[76]. Dans le livre *Soi-même comme un autre*, Ricœur insiste surtout sur la responsabilité personnelle. Pour lui, l'imputation morale ne peut être que l'apanage d'un sujet qui se comprend d'abord comme

---

[75] L'intérêt de Ricœur pour la notion de responsabilité est manifeste dans les pages de *Soi comme un autre* qui traitent de l'identité morale. Paul RICOEUR, *op. cit., pp.* 193-198.
[76] Idem., p. 56.

l'auteur de « l'ensemble de ses actes : pensées, paroles, actions »[77] et après coup, d'une action particulière, et qui, ensuite, est capable d'initiative dans le cours du monde[78].

Dans l'agir pour le progrès, la responsabilité personnelle conduit tout être humain à participer aux activités communes, à transcender la sphère utilitariste de la recherche à satisfaire coûte que coûte ses intérêts personnels à la manière d'un animal qui entasse du grain dans un terrier, uniquement pour ses petits et lui. C'est un dépassement du type d'égoïsme entendu comme considération exclusive des intérêts personnels aux dépens de ceux des autres, de l'esprit d'immédiateté pour ainsi développer une organisation méthodique, logique et rigoureuse des choses. En somme, l'accomplissement de la responsabilité individuelle pour le développement au sens politique et moral appelle l'Africain à s'y atteler. Pour ce faire, il doit éradiquer le phénomène de passivité entrainant le parasitage[79], de sorcellerie qui imbibe l'esprit dans l'attente hasardeux au détriment de l'innovation, de gain facile (corruption). D'ailleurs, s'il est vrai qu'en logique africaine on ne devient une personne que par relations et que le renforcement de la vie incombe à chaque membre de la communauté, il devient clair qu'un des moyens pour accroître cette vie en interaction, est l'exercice de la responsabilité par des décisions personnelles et le travail.

---

[77] Idem., p. 55.

[78]Idem., », p. 56.

[79]L'Africain traditionnel fustige impitoyablement l'oisiveté et se moque éperdument du paresseux, comme le montrent ces proverbes *gikuyu*: « Un paresseux accuse le manche qui lui sert d'instrument pour bêcher » Origine chez G. J. Wanjohi, The Wisdom and Philosophy of the Gikuyu Proverbs, p. 156 ou encore : « ils n'aiment pas construire la maison, mais bien jouir de la fête qui accompagne la construction ».Idem. p. 157

Les décisions personnelles forment une dimension importante de la connaissance et de l'agir moraux. Dans la responsabilité personnelle, même si l'agir de l'individu va à contre-courant des pratiques sociales, il n'en devient pas pour autant antisocial. Bien au contraire, les principes de l'individu, à moins d'être totalement absurdes, peuvent éclairer les nouvelles formes de vie ouvertes à l'épanouissement et au développement. Cette dynamique est bien manifeste dans le cas de la corruption répandue dans la société. La responsabilité personnelle exige que l'individu s'oppose au laxisme ambiant et qu'il sache défier la réprobation générale. Ce faisant, son agir permettra d'instaurer une forme nouvelle, plus saine, de vie et d'actions, ouverte à l'épanouissement de soi et au développement pour le progrès. Dans le même sens, René Sartre écrit :

« la responsabilité suppose une certaine maturité humaine qui inclut un certain savoir, implique un certain pouvoir et exige une certaine liberté. La responsabilité ne se situe pas dans le domaine de l'avoir, mais dans celui de l'être. Notre être est situé à un carrefour de relations… Nous sommes de l'autre et devons être pour l'autre. La responsabilité est un lien avec autrui à partir de ce que l'on est volontairement et pleinement. C'est pourquoi être responsable, c'est pouvoir répondre devant soi-même, devant sa propre conscience et témoigner que ce qui vient vraiment de soi, c'est sa propre invention, création, c'est sa propre volonté »[80].

Assumer sa responsabilité suppose que l'être humain, à travers les multiples possibilités qui s'offrent à lui, évite celles qui peuvent entraîner des conséquences négatives

[80] R. SARTRE, « Ecole, une responsabilité collective » dans *Entente Africaine*, 1983, n° 55, pp. 53-63.

pour lui et pour les autres. L'éthique du développement pour le progrès exige qu'il choisisse toujours en fonction de lui et des autres. En d'autres termes, la responsabilité éthique met au centre de ses préoccupations la protection de la dignité de la personne humaine dans ses relations équilibrées avec lui-même, avec autrui et avec l'environnement. C'est dans cette logique qu'elle se résume fondamentalement en trois dimensions, à savoir : la dimension individuelle ; la dimension interpersonnelle ; la dimension environnementale. Cette acception de la responsabilité amène Jonas à formuler un impératif catégorique : « Agis de façon que les effets de ton action soient compatibles avec la permanence d'une vie authentiquement humaine sur terre »[81]. Cet impératif nous conduit à revoir notre relation avec le progrès scientifique, notamment ses conséquences dans la vie humaine et dans le processus du développement pour le progrès.

4.3- Solidarité sociale dans le développement

Dans le chapitre « Ethique du développement pour le progrès en Afrique », nous avons souligné que le processus du développement embrasse l'être humain dans sa tridimensionnalité : relation au cosmos, relation aux autres et relation à soi. Celui-ci est responsable de l'intégrité et de la cohésion des forces vitales de la création. Il est appelé à gérer ces forces vitales de l'univers dans un esprit de liberté et d'amour.

La responsabilité sociale de l'Africain est de vivre l'amour qui, selon Mveng,
« donne un sens à la destinée humaine et à l'histoire. Il est d'abord accueil de soi par soi… Le devenir personnel commence par un acte d'accueil… L'homme n'a choisi ni

---

[81]RICOEUR, op. cit., pp. 30-31.

sa naissance, ni sa mort, ni son sexe, ni sa race, ni ses parents, ni son époque. Il naît en plein déroulement de cet immense projet du monde dont il n'est ni maître, ni l'initiateur. Devant la merveille de son propre avènement, l'homme n'a qu'un choix : s'accepter ou se refuser. S'accepter, c'est opter pour la vie, c'est naître à l'amour »[82].

En acceptant, l'Africain s'engage dans un combat pour porter le monde à son accomplissement, son développement pour le progrès. Outre la cohésion de toutes les forces vitales, la responsabilité de l'être humain s'étend dans les rapports avec les vivants, les morts et les non-encore-nés. Pour que la vie, valeur fondamentale, soit protégée et prolifique, l'exercice de la responsabilité exige que l'être humain vive la solidarité dans sa tridimensionnalité.

La nécessité de participer à la vie de l'ensemble de la communauté se vérifie dans plusieurs registres qu'enseignent des proverbes[83] comme « l'union fait la force », « c'est le consensus des voix qui pousse la pirogue au large », « une seule main ne maîtrise pas la corne du buffle » ou encore « Quand les toiles d'araignées sont unies, elles peuvent ligoter (capturer) un éléphant ». Par ailleurs, les communautés africaines savent que parfois, c'est grâce à la solidarité avec un plus fort qu'un moins robuste parvient au succès, comme le montre ce proverbe *rundi*: « La liane parvient au sommet de l'arbre en

---

[82] MVENG, *op. cit.,* p.17.

[83] Dans les défis africains, nous avons évoqué l'emblème d'un roi d'Abomey, ville historique du Bénin : une jarre trouée à plusieurs endroits avec des doigts pour boucher chaque. Pour qu'il y ait de l'eau, chacun est invité à placer son doigt pour boucher un trou. Cet emblème symbolise la nécessité de la solidarité dans le processus du développement pour le progrès.

s'appuyant sur lui »[84]. Il n'y a cependant pas que les faibles qui ont besoin de cette solidarité avec les plus solides, mais aussi les grands supposés forts, car « pour se lever, les grands se servent des genoux du petit ». En d'autres mots, sans les petits, il n'y a pas non plus de grands. On veut par-là finalement dire qu'on a aussi besoin d'un plus petit que soi.

Les diverses formes de solidarité et de fraternité dans les traditions africaines n'excluent pas l'effort personnel par le travail. En réalité, la responsabilité éthique exige que l'être humain, acteur raisonnable de son agir, dépasse le moi avec ses caprices pour s'ouvrir aux autres, à la société. C'est aussi un appel à la solidarité, observant les valeurs constructives et s'investissant dans le travail pour avoir sa dignité et participer à son bonheur et à celui de sa communauté.

La responsabilité dans l'action du développement ne concerne pas seulement le monde présent. Elle concerne aussi les générations futures. Hans Jonas relève cette dimension dans ses travaux en disant qu'il faut se tenir « responsable par avance même pour l'inconnu, c'est là devant le caractère incertain de l'espérance, justement une condition de la responsabilité agissante »[85]. Donc, l'être humain est responsable envers lui-même, non seulement en assumant ses actes à l'égard du présent mais aussi du futur où il ne serait plus présent pour répondre personnellement de ses actes. Dans la logique de Jonas, la responsabilité pour le développement prend le sens de solidarité avec les mondes présent et à venir. La

[84]Firmin, RODEGEM, *Paroles de sagesse au Burundi*, ISD, 1983, p.178.

[85] Hans JONAS, *Le principe responsabilité*, *Paris*, Champs Flammarion, 1990, p. 300.

responsabilité à l'égard du futur nous oblige à prendre conscience que les actions et les décisions d'aujourd'hui ne doivent pas bloquer le processus d'action et de décision des générations à venir. Ceci concerne aussi bien l'être humain et la communauté où il vit que l'Etat. Nous devons développer la précaution et cultiver la vertu de prudence pour éviter que nos comportements n'influencent négativement les générations futures. La responsabilité ne concerne pas seulement l'être humain, acteur de ses actions, mais l'humanité dans son ensemble. Or, la solidarité consiste à rechercher le bien personnel en harmonie avec les autres et à promouvoir le bien d'autrui.

4.4- La compréhension dans le processus du développement

Dans la logique de ce qui précède, soulignons que l'exercice de la responsabilité est aussi un appel à se confronter aux grands défis du monde contemporain où les valeurs traditionnelles et le progrès politique s'affrontent. Pour ce faire, l'être humain a besoin de comprendre et d'assimiler les valeurs de sa tradition et les normes de la société. Lorsque les valeurs et les règles sont assimilées, elles servent de guide d'intérêts, de préoccupations et de quête de signification morale. Elles permettent en quelque sorte d'emprunter un parcours qui mène vers certaines orientations et détourne de certaines autres. La compréhension de l'agir et des pratiques culturelles par rapport à la vie humaine est d'une grande importance pour le développement pour le progrès et pour la créativité. Elle permet à l'être humain d'expliquer la raison de son action, du projet poursuivi. Soulignons que le développement pour le progrès voudrait qu'à partir de ce qui est compris et assimilé, l'être humain apporte quelque chose de plus.

Cela n'est possible que par l'ouverture à l'incertitude, à l'avenir qu'il ne maîtrise pas.

Etre l'auteur de ses actes ne signifie pas maîtriser la détermination de son destin personnel : être homme, c'est être *parmi les hommes*, et, selon Hannah Arendt, les affaires humaines sont marquées du sceau de la fragilité, du fait de l'imprévu logé au cœur de toute action comme sa condition de possibilité[86]. C'est la capacité d'inaugurer du neuf qui marque le singulier d'une vie humaine. Pour Theodor Adorno, cette condition d'incertitude et de fragilité, de « faillibilité»[87]apparaît comme le fondement de la capacité d'agir et de la responsabilité morale, dès lors que l'être humain est engagé dans une enquête sur la genèse et les significations sociales des normes morales auxquelles son existence est d'emblée confrontée.

Pour élucider ce qui précède, Habermas souligne que le fondement de la responsabilité est anthropologique. Pour lui, sont morale « [...] toutes les institutions qui nous informent sur la question de savoir comment nous devons nous comporter au mieux afin de contrecarrer l'extrême vulnérabilité des personnes, en la protégeant et en l'épargnant. D'un point de vue anthropologique, la morale se laisse en effet comprendre comme une disposition protectrice qui compense une vulnérabilité structurellement inscrite dans des formes de la vie socioculturelles. En ce sens, sont vulnérables et requièrent une protection morale des êtres vivants qui sont individués par la seule voie de la socialisation »[88].

---

[86] ARENDT*Condition de l'homme moderne*, Calmann-Lévy, 1961

[87]Theodor ADORNO, *Probleme der Moral philosophie*, SuhrkampVerlag, 1997

[88] Jürgen HABERMAS, *De l'éthique de la discussion,* Paris, Flammarion, 1992.

De ce qui précède, il ressort que la responsabilité est l'une de ces institutions morales qui s'imposent à la conscience morale. Habermas a souligné le lien intrinsèque qui se tisse entre les conditions de socialisation et l'émergence de la responsabilité.

Au regard des auteurs tels que Ricœur, Adono, Habermas que nous avons cités plus haut, il ressort que la responsabilité doit être comprise comme la capacité d'initiative, de commencer quelque chose. Ceci se rapporte à l'être humain, sujet et auteur de ses actions. Compte tenu de la dimension sociale, elle est aussi comprise comme la disposition à répondre d'autrui. La responsabilité comme faculté de commencer se rapporte au *je* et s'inscrit dans une histoire de la liberté individuelle. Cette première dimension correspond à l'initiative. La deuxième, c'est-à-dire la responsabilité comme disposition à répondre d'autrui transcende la sphère individuelle. Elle s'étend à l'ouverture à l'altérité. Donc, œuvrer pour le progrès nécessite d'intégrer les deux dimensions, de combattre tout ce qui conduit au déclin ; car, non seulement celui-ci compromet et déforme le progrès, non seulement l'irrationalité et l'irresponsabilité, comme nous l'avons vu par rapport aux défis africains, produisent des situations objectivement absurdes, non seulement les idéologies culturelles corrompent les esprits, mais aussi les compromis et les gauchissements jettent le discrédit sur le progrès. Les situations objectivement absurdes ne se prêtent pas à un redressement. Les esprits corrompus ont un flair pour choisir la solution erronée et soutenir qu'elle est bonne. Pour éviter de sombrer dans ce stade, l'être humain est appelé à développer de façon continue des valeurs originales. La responsabilité requiert que l'être humain base ses décisions et ses choix sur une juste évaluation des prix à payer et des avantages à retirer, à long et à court termes, pour soi, pour son groupe et pour les autres groupes.

L'approche que nous avons utilisée part du constat que « l'être humain est capable de choisir entre des comportements, qu'il sait que ce choix peut entrainer des conséquences négatives pour lui ou pour les autres et qu'il ne peut pas […] toujours choisir en fonction de lui-même en ne se souciant pas des conséquences de ses gestes sur les autres »[89]. D'où la nécessité d'intégrer le genre humain et le cosmos dans ses actions.

Au début de cette section, nous avons parlé de deux types de responsabilités : ceux qui sont investis d'un pouvoir civil ou culturel et personnel. Quoique différents, signalons que les deux sont un appel à vivre des valeurs qui construisent la société et ouvrent à la réalisation de soi et des autres. L'éthique de la responsabilité qui anime le développement est une éthique du sens de l'intégrité du futur de l'Afrique, du devoir fraternel et de la bonne volonté vis-à-vis de l'ensemble du continent noir. A ceux qui exercent la charge d'autorité, il leur revient d'affermir les valeurs qui attirent la confiance des membres et les incitent à s'engager au service du développement pour le progrès. La participation commence par l'initiation, l'éducation et la culture.

---

[89] Louis, RACINE, Georges LEGAULT et Luc, BEGIN, *Ethique et ingénierie,* Montréal, McGraw-Hill, 1991, p. 12

Conclusion partielle

En guise de conclusion, à ce niveau, rappelons que dans la démarche effectuée jusqu'ici, il ressort qu'il faille comprendre le développement pour le progrès d'abord dans le sens de la perception politique. La perception technique n'est pas négligeable car l'être humain a besoin des biens matériels pour poursuivre sa réalisation et sa dignité. Les raisons pour lesquelles nous privilégions la première perception résident sur la place accordée à l'être humain dans le processus du développement. Ses désirs et ses besoins sont ici pris en considération.

Dans l'analyse des défis en Afrique, plutôt que de chercher les causes à l'extérieur (dans la colonisation comme le font certains éthiciens), nous avons préféré les circonscrire à l'intérieur du continent, afin de dégager celles secrétées par des Africains eux-mêmes. C'est le cas par exemple de ceux qui amassent, à leur compte, les biens communs, réduisant ainsi les moyens publics. Comme conséquence, de nombreux employés restent sans salaire à la fin du mois ou ils sont mal payés ; les structures publiques ne fonctionnent pas convenablement par manque de moyens. C'est le cas des hôpitaux et des centres de santé, des écoles. Comment participer activement au développement pour le progrès alors qu'on ne peut pas se soigner[90] ni s'éduquer par le biais de

---

[90] La déclaration de RIO sur le développement affirmait en 1992 : « Les êtres humains sont au centre des préoccupations relatives au développement durable. Ils ont droit à une vie saine et productive en harmonie avec la nature ». Cet extrait montre que la santé humaine permet de garantir les activités productrices et le développement de la société. Donc, le revenu d'un employé doit lui permettre d'assurer sa santé.

l'école[91] ? Comment améliorer sa condition de vie si on manque de rigueur, de jugement et de rationalité ? Seul l'Africain a les réponses à ces questions.

Notre démarche a consisté à amener les Africains à analyser et à comprendre les facteurs empêchant le développement pour le progrès, à la lumière de leur propre histoire. Il y a dans ce processus une incitation à la conscientisation et à la responsabilité pour une mise en route de « l'intelligence » et de la « créativité », comme le suggère Kä Mana.

L'Africain est appelé à avoir un souci constant de l'humanité, non au sens individualiste du terme, mais une perception communautaire et universelle ; la volonté de développer un « imaginaire », une créativité propre à l'Afrique. Cette activité exige une ferme détermination pour combattre le *statu quo*, la passivité, le manque de rigueur. C'est un appel à assumer sa vocation pour s'humaniser et humaniser le monde. C'est choisir des comportements qui ne sont pas des entraves au développement pour le progrès.

Nous avons vu que certains éthiciens africains partent de la vie pour fonder l'éthique. Dans le développement, il est ressorti que le propre de l'Africain est d'œuvrer pour que la vie triomphe à jamais de la mort. Cet acte n'est pas ponctuel, il dure toute la vie. Il est constitutif de l'être humain car celui-ci est appelé à s'accomplir, à se perfectionner, en passant d'un état inférieur à un état supérieur et vertueux. Pour y parvenir, l'Africain est

[91] L'éducation est un facteur important au développement pour le progrès car elle favorise l'acquisition des compétences, des attitudes et des valeurs permettant de développer l'esprit critique, de prendre des décisions communes pour améliorer les conditions de vie.

appelé à assumer sa responsabilité, en maintenant une tension équilibrée entre les différents rapports : rapport au cosmos, rapport aux autres, rapport à lui-même.

DEUXIEME PARTIE

La seconde partie aborde la question du développement pour le progrès sous l'angle de l'éthique théologique. Elle cherchera de montrer comment la foi au Christ apporte sa contribution au discernement, au jugement et au choix qui correspondent aux réalités vécues par les êtres humains. L'éthique théologique invite chacun à développer ses capacités pour assumer sa vocation, à adhérer aux valeurs qui promeuvent et protègent la dignité humaine.

CHAPITRE 5 : APPROCHE THEOLOGIQUE DU DEVELOPPEMENT POUR LE PROGRES

L'être humain a la capacité de se dépasser et a de l'habilité dans la vie. Il a aussi la curiosité d'étudier les réalités de la vie en se demandant comment il peut améliorer les conditions de sa vie familiale et publique. L'Eglise n'est pas en reste par rapport à toutes ces questions. Elle se fait solidaire du genre humain et elle s'intéresse à ce qu'il vit. Elle veut accueillir et accompagner dans l'amour toute la famille humaine. C'est pour elle une façon de concilier l'ordre naturel et l'ordre de la grâce. Les pères du concile Vatican II l'ont montré dans *Gaudium et spes,* en soulignant que « Les joies et les espoirs, les tristesses et les angoisses des hommes sont aussi les joies et les espoirs, les tristesses et les angoisses des disciples du Christ, et il n'est rien de vraiment humain qui ne trouve écho dans leur cœur »[92]. Ce point de vue corrobore l'idée que l'Eglise s'intéresse aux questions et aux réalités humaines : sociales, familiales, politiques, économiques, culturelles, environnementales.

L'acte de solidarité de l'Eglise avec les réalités humaines montre que foi et culture, Eglise et développement vont de pair. Cela n'est pas en soi nouveau. Déjà en son temps, l'apôtre saint Jacques avait écrit au sujet de la valeur de la foi sans les œuvres (Jc 2, 14-18), c'est-à-dire d'une foi sans force d'action et de transformation de la vie humaine.

Dans l'histoire en Afrique, on constate aussi cette volonté de se solidariser avec le genre humain et de concilier foi-développement, religion-culture. Les pères du

[92]*Gaudium et spes*, 1.

synode l'expriment dans l'hommage rendu aux missionnaires messagers de l'évangile: « Pour cette annonce, l'effort accompli par les missionnaires, hommes et femmes, qui se sont succédés, des générations durant sur le continent africain, mérite éloge et gratitude. Ils ont peiné, dur, affronté l'inconfort, la faim, la soif, la maladie, la certitude d'une vie très brève, la mort, pour nous donner ce qu'ils avaient de plus cher : Jésus Christ »[93]. Dans cette action, on peut se demander : quel est le fondement de la morale chrétienne dans le développement pour le progrès ? Qu'apporte-t-elle de plus ?

Nous avons vu que les notions de développement et de progrès sont ambivalentes. Malgré la pluralité de définitions qu'on leur donne, le plus important est la place accordée à l'amélioration des conditions de vie, la capacité de décider pour soi et de participer aux débats sociaux. La théologie morale, quant à elle, les définit comme une démarche en direction du véritable bien de chaque individu, chaque communauté et chaque société, dans toutes les dimensions de la vie humaine : sociale, économique, politique, intellectuelle, spirituelle et religieuse. C'est tout l'être humain qui en est concerné. Paul VI l'a décrit en tant que « développement intégral de l'homme et de tous les hommes »[94] ; c'est le passage des « conditions moins humaines à des conditions plus humaines »[95]. Pour Benoît XVI, le développement intégral suppose « la liberté responsable de la personne et des peuples »[96].

---

[93]*Ecclesia in Africa,*36.

[94]Paul VI, *Populorum Progressio,* Lettre encyclique de sa sainteté le Pape Paul VI sur le développement des peuples, 1967, §20.

[95]Paul VI, *Idem,* n°20.

[96]Benoît XVI, *Caritas in veritate*, Lettre encyclique de Benoît XVI sur le développement humain intégral dans la charité et la vérité. Juin 2009, n° 17.

Ces différentes définitions mettent en évidence le fait que le développement pour le progrès concerne l'être humain dans son intégralité. Tous les aspects de sa vie sont pris en considération. A ce propos, Paul VI écrivait : « Ce qui compte pour nous, c'est l'homme, chaque homme, chaque groupement d'hommes, jusqu'à l'humanité tout entière »[97]. De plus, le développement doit ainsi l'amener à améliorer sa condition de vie, de façon libre et responsable. Ce qui veut dire qu'aucune structure ne peut garantir ce développement en dehors et au-dessus de la responsabilité humaine. Ce qui nous amène à affirmer que la conception du développement maintient une tension équilibrée entre le développement technique et le développement politique ou moral.

La théologie morale rejoint les autres formes de morale qui reconnaissent le bien fondé du progrès technique et économique qui met l'accent sur l'avoir. Comme les autres morales, elle attire l'attention de l'être humain sur les dangers découlant des actions axées uniquement sur l'avoir, la rentabilité maximale, l'efficacité et la compétition au détriment de la personne. C'est dans ce sens que le Concile Vatican II rappelle qu'« Avoir » des objets et des biens ne perfectionne pas en soi le sujet humain, si cela ne contribue pas à la maturation et à l'enrichissement de son être, c'est-à-dire à la réalisation de la vocation humaine en tant que telle. Certes, l'être humain, voire la société en général ne peut se passer du progrès technique et économique, puisqu'il fournit la disponibilité de biens indispensables pour améliorer sa condition de vie. Mais il faut aussi l'adhésion à des valeurs sociétales en conformité avec les aspirations humaines, voire des quêtes de sens.

---

[97]Paul VI, *op. cit.,*, n° 14.

Pour poursuivre notre travail, il convient de rechercher les fondements bibliques du développement pour le progrès.

5.1- L'Ancien Testament et le développement pour le progrès

A plusieurs reprises, nous avons souligné que si l'on ne fait pas attention à la différence entre ce qui relève de l'ordre de l'avoir et ce qui relève de l'ordre d'être, si l'on poursuit uniquement l'avoir, on peut porter atteinte au sacré qui donne sens à la vie. Or, quand une société n'a plus de structure sacrée, elle tourne à la foire d'empoigne. Quelles conséquences la morale fondée sur l'image de Dieu peut avoir dans le domaine du développement pour le progrès ? L'importance de l'Ancien Testament réside dans le fait de prendre en compte la ressemblance divine par sa visée anthropologique. Selon cette morale, la poursuite du développement pour le progrès est animée par ce paramètre : tout homme est créé par Dieu à son image et à sa ressemblance (Gn 1, 26). L'homme est placé comme « maître » de la terre et invité à utiliser les services de la terre. La création lui est confiée directement par Dieu pour qu'il en prenne soin et l'exploite. Il est appelé à devenir en quelque sorte « co-créateur », dans la mesure où Dieu lui confie d'achever son œuvre créatrice : c'est là sa responsabilité. L'être humain est à l'image et à la ressemblance[98] de Dieu par sa capacité à prendre en

[98] D'après les études exégétiques les termes « image » et « ressemblance », en hébreu « tselem » et « démut », sont quasiment synonymes. Cette image et cette ressemblance sont interprétées de plusieurs façons : - l'Ancien Testament parle de l'immortalité, le Nouveau Testament fait allusion à la perfection possible de l'être humain et à la liberté. - On parle aussi de ressemblance d'ordre physique à cause de la dimension intellectuelle. - La ressemblance est une ressemblance par la place, la fonction que l'être humain occupe.

charge l'univers, de dominer le monde. La théologie morale intègre par cette ressemblance une sorte de cosmocentrisme, de préoccupation divine pour le monde pour que se continue et se perfectionne, à travers l'activité humaine, l'œuvre de la création. Dès l'origine, l'être humain est collaborateur du Dieu créateur. Sa domination sur les autres êtres vivants ne doit pas être despotique et insensée ; au contraire, il doit cultiver et garder les biens créés, mais reçus comme un don précieux de Dieu. Cultiver la terre ne signifie pas l'abandonner à elle, exercer une domination sur elle ; cela veut dire en prendre soin, comme un roi prend soin de son peuple et un berger de son troupeau.

Le fondement de la morale du développement pour le progrès se définit en fonction de la personne : le respect de la personne humaine. A ce propos, la dignité de l'être humain ne doit jamais être sacrifiée ni au profit de l'économie et aux exigences de la production, ni au pouvoir public qui ne travaillerait pas en vue du bien commun[99], ni à la recherche scientifique.

Comme affirmé au début de ce chapitre, la Bible a une vision anthropologique du développement pour le progrès, et dont l'enjeu ne se situera jamais hors de l'être humain, dans une désappropriation imposée à l'extérieur de sa vie et de sa liberté. Ce qui signifie que l'être humain a des

---

Comme Dieu règne sur la création, l'être humain règne à l'image de Dieu sur les autres animaux. Aussi, dans le fait que l'être humain, à défaut de créer peut procréer des êtres eux-mêmes à l'image de Dieu. – La ressemblance de Dieu met en évidence une relation spéciale entre l'homme et Dieu : un dialogue est possible. Par extension, le thème de la Seigneurie de l'homme. Nous pouvons nous référer au psaume 8 évoqué plus haut.

[99] *Gaudium et spes*, 74,4.

obligations vis-à-vis de lui-même, et à l'égard de sa propre dignité.

L'affirmation de la dignité de la personne interdit toute une série d'attitudes envers la société, qui feraient des personnes de simples rouages d'un processus universel ou des moyens soumis à l'atteinte d'un objectif collectif. Elle interdit également de considérer l'être humain comme corrompu de manière irréversible par le mal personnel ou social.

Le rapport au cosmos a fait ressortir que l'être humain est une partie de tout. Ce qui veut dire en d'autres termes qu'il a une certaine affinité avec les autres créatures : il est appelé à les utiliser, à s'occuper d'elles ; et, toujours selon le récit de la Genèse (Gn 2, 15), il est établi dans le jardin, ayant pour tâche de le cultiver et de le garder (prendre en charge), au-dessus de tous les autres êtres placés par Dieu sous sa domination (Gn 1, 25-26). Mais en même temps, il doit rester soumis à la volonté de Dieu, qui lui fixe des limites quant à l'usage et à la domination des choses (Gn 2, 16-17).

L'analyse du texte de la création montre que l'être humain n'a pas été créé, pour ainsi dire, immobile et statique. Il est appelé à agir, à passer à l'action pour assumer sa responsabilité. La première image qu'en présente la Bible le montre clairement comme créature et image, déterminée dans sa réalité profonde par l'origine et par l'affinité qui le constituent. Mais tout cela introduit dans l'être humain le germe et l'exigence d'une tâche originelle à accomplir : « dominer » sur les autres créatures ; « cultiver le jardin » ; elle doit être accomplie dans le cadre de l'obéissance à la loi divine et donc dans le respect de l'image reçue, clair fondement du pouvoir de domination qui lui est reconnu, en relation avec son perfectionnement (Gn 1, 26-30 ; 2, 15-16 ; Sg 9, 2-3).

Dans le fondement biblique pour le progrès, l'être humain a reçu la mission de « soumettre » la terre comme un intendant de Dieu. Cela ne doit pas se faire de façon arbitraire et destructrice. A l'image de Dieu qui « aime tout ce qui existe » (Sg 11, 24), il est appelé à participer à la providence divine envers les autres créatures. Sa responsabilité pour le monde en découle.

L'une des conséquences bibliques de la dignité humaine, c'est que tous les êtres humains soient traités comme des acteurs, des agents, des participants au développement pour le progrès. Non pas à cause de leurs contributions effectives ou potentielles, mais parce que Dieu agit dans la vie de chacun et y révèle quelque chose du mystère de l'histoire du salut.

Dans *Laborem exercens*, Jean-Paul II a renouvelé l'interprétation du récit de la création pour y trouver la révélation divine que les êtres humains, créés à l'image de Dieu, sont fondamentalement des travailleurs. C'est par cette activité qu'ils participent à leur épanouissement et à leur développement. Il écrit : « Le travail est l'une des caractéristiques qui distinguent l'homme du reste des créatures dont l'activité est liée à la subsistance, ne peut être appelée travail, seul l'homme l'accomplit et par le fait même remplit de son travail son existence sur la terre »[100].

Jean-Paul II rapporte l'image de Dieu au travail, à l'action que l'être humain doit accomplir pour améliorer sa condition de vie, construire la société, s'épanouir et développer ses potentialités. Pour lui, le travail incombe à tout être humain et chacun l'accomplit à la mesure de ses

---

[100] Jean-Paul II, Lettre encyclique *Laboremexercens*, § 4.

moyens. Il écrit encore: « Le travail concerne tous les hommes, chaque génération, chaque phase du développement économique et culturel, et *en même temps* c'est un processus qui se réalise en *chaque homme*, en chaque être humain conscient. Tous et chacun sont en même temps concernés par lui. Tous et chacun, dans une mesure appropriée et avec un nombre incalculable de modalités, prennent part à ce gigantesque processus par lequel l'homme « soumet la terre » au moyen de son travail »[101].

En récapitulant le récit de la création, nous retenons que le développement pour le progrès est fondé sur la dignité humaine, c'est-à-dire l'image et la ressemblance de Dieu. Fonder la morale du développement en l'être humain conduit à choisir entre deux types de rationalité : celle de la raison ouverte au transcendant et celle d'une raison close à l'immense technologie. La morale théologique incite l'être humain à faire un travail en profondeur, afin d'accomplir sa vocation qui consiste à soumettre la terre par son travail, c'est-à-dire en prendre soin. Ceci concerne chacun et toutes les générations.

De ce qui précède, comment l'image de Dieu peut-elle aider à appréhender les enjeux éthiques relevés dans le contexte africain ?

5.2- Apport de l'Ancien Testament dans le développement pour le progrès

Le constat lié aux défis africains a évoqué l'attitude de certains Africains par rapport à la responsabilité, à la compréhension des actes qu'on pose. A ce propos, nous avons mentionné que la compréhension est un facteur important pour la créativité, l'innovation et l'inventivité.

---

[101] Jean-Paul II, Idem.

Tous ces aspects ont du mal à se développer en Afrique. Parlant du développement, Fodé Diawara a souligné à maintes reprises que le parfait état d'achèvement de la société primitive témoigne à la fois d'un long passé historique et d'un génie humain particulièrement élevé. Autrement dit, si la société traditionnelle africaine pure est assimilée à la « société primitive », c'est parce qu'elle pense qu'elle n'a pas besoin de s'engager dans un autre développement, compte tenu du « génie humain particulièrement élevé » atteint auparavant ». Or, le récit de la création présente des instructions qui définissent la place et les responsabilités humaines dans le monde, c'est-à-dire dominer, garder et soumettre la terre. La mission de dominer découle du statut de l'être humain dans la création (Ps 8 :4-9), pendant que l'appel à « garder » et à « cultiver » la terre précise l'intention divine à impliquer l'homme au travail. C'est dans ces trois missions qu'il est aussi considéré comme image et ressemblance de Dieu.

Le Dieu de la création est toujours à l'œuvre. Il continue de soutenir la création. Ce qui revient à dire que la création n'est pas seulement dans le passé, elle est aussi dans le présent et se prolonge dans le futur. A partir de l'idée que la création est en cours, l'image de Dieu invite l'être humain à intervenir et à apporter sa contribution, afin de donner au monde un avenir meilleur. Quand l'être humain perd son avenir, nous pouvons dire qu'il cesse d'exister. Dieu continue de donner à la création un avenir. Cela établit une continuité aux réalités nouvelles. Le don du futur est la façon dont Dieu est créateur. Il est également la façon dont Dieu rachète. La grâce de Dieu vient à la création par l'avenir qui est un don créateur et rédempteur. Dieu crée de nouvelles choses. La description biblique de l'activité divine dans le monde comprend les promesses et leurs accomplissements. Cela implique deux qualités. Tout d'abord, Dieu ne se limite pas aux choses anciennes. Il n'a pas un statu quo. Dieu peut promettre des choses nouvelles. La plus importante des promesses divines encore en suspens est celle de la nouvelle création qui est à venir. De plus, ce Dieu est fidèle, digne de confiance. Pour l'être humain, cela signifie qu'il doit faire confiance à l'activité créatrice et rédemptrice de Dieu pour continuer à l'avenir.

La mission confiée à l'être humain fait de lui le co-créateur. Celui-ci est invité à participer à la poursuite de la création (la sienne, celle de sa propre humanité, et celle du monde qu'il va transmettre à ses enfants). Ce qui était initié « au commencement » n'est pas fini et doit se poursuivre aujourd'hui. En outre, l'être humain a une influence partielle sur la direction dans laquelle il se déplace tout comme dans les changements et les transformations qui ont lieu dans la nature. Il est créatif et l'image de Dieu qui le conduit à participer à la transformation permanente de la création.

Le récit de la création révèle que le Dieu de la Bible n'est pas statique. Il est toujours en mouvement, en action. C'est un Dieu qui crée et qui fait toute chose nouvelle. Dans la même ligne d'idée, retenons que l'image de Dieu comporte aussi la dimension transcendante de l'existence personnelle. Le créateur donne à la personne la possibilité de se dépasser elle-même pour tendre vers son accomplissement.

L'Ancien Testament invite l'Africain à sortir de l'oisiveté, de la fainéantise, des stéréotypes statiques pour d'autres choses nouvelles. C'est un appel à rompre avec une habitude qui ne convient plus aux réalités actuelles. Cela peut aussi être un appel à ouvrir les yeux afin de voir la réalité qui se présente à soi. Nous pouvons faire des rapprochements avec l'entretien entre Jésus et l'aveugle : « Veux-tu vraiment guérir ? ». Cette question est toujours d'actualité en Afrique. On pourrait la formuler de la manière suivante : veux-tu vraiment guérir des maux qui te maintiennent dans une condition de vie dépendante, fragile et précaire ? Veux-tu changer, te transformer, te développer afin de t'humaniser davantage?

Par rapport aux cultures africaines qui accordent plus d'importance aux aînés et aux anciens, l'image de Dieu appelle chacun à assumer sa responsabilité. Comme chaque individu est différent et expérimente la vie de manière unique, chacun a le potentiel d'exprimer la créativité de manière particulière. Le droit d'apprendre, d'exprimer cette créativité et d'être le bénéficiaire des actes créatifs des autres, doit être affirmé pour chaque être humain à toutes les étapes et dans toutes les circonstances de la vie humaine.

La Bible propose des esquisses de réponses ou d'attitudes pouvant inspirer nos actions ou nous motiver. Par exemple, quand Dieu intervient c'est pour faire des choses nouvelles. Pour être sûr que son peuple le comprend, il dit : « Je mettrai en vous un esprit nouveau » (Ez 11 : 19) ; « Et l'on t'appellera d'un nom nouveau » (Is 62 : 2).

En somme, l'image de Dieu sur laquelle l'Ancien Testament fonde l'éthique du développement pour le progrès invite l'être humain à œuvrer pour la relation, à la responsabilité de prendre soin et de nourrir les siens ; chaque personne doit accepter la responsabilité envers le reste de la création et envers la société humaine pour ses actions dirigées vers Dieu. L'image de Dieu est un aspect intrinsèque et inséparable de l'humanité présente dans chaque personne, de la conception à la mort. Il s'ensuit que chaque individu possède la dignité et la valeur en tout temps au cours de sa vie qui, à cause de l'origine divine liée à l'image de Dieu, ne peut être mesurée en termes humains. En tant que créature, toute personne est soumise aux limites qui proviennent de sa relation avec Dieu, son Créateur. Ainsi, la participation active dans le travail ne doit pas être une option. Certes, le développement technique et la croissance des connaissances ont grandement augmenté la gamme et la complexité des circonstances individuelles, mais dans le domaine théologique, les limites humaines en tant que créatures sont équilibrées par la nature créative donnée par Dieu. A l'image de Dieu, chaque être humain est habilité à agir dans le monde et à former de nouvelles choses.

Nous venons de voir comment le récit de la création peut aider l'être humain dans le processus du développement pour le progrès. Ce récit confie à l'être humain une mission : « soumettre », « garder » et « cultiver ». C'est une invitation à devenir par le travail image de Dieu. Cela contribue à parachever l'œuvre du Créateur. Le travail, avec son côté peine et son côté épanouissement, est un bien utile qui répond à l'épanouissement de l'être humain, mais surtout un bien qui répond à sa dignité. C'est ce qu'affirme Jean-Paul II quand il écrit : « [...] par le travail, non seulement l'homme transforme la nature en l'adaptant à ses propres besoins, mais encore il se réalise lui-même comme homme et même, en certains sens, il devient plus homme »[102].

La vision biblique pousse l'être humain à considérer le travail comme une vocation qui répond au commandement

---

[102] Ibid., p.6.

de Dieu et à l'activité humaine de soutenir et de poursuivre l'œuvre créatrice de Dieu. L'image de Dieu, dont le travail est un aspect, voudrait que l'être humain participe à l'épanouissement de la création. Dans cette condition, l'oisiveté est réprouvée en tant qu'elle est une déchéance de l'être humain. De même, le non respect de la vie sous toutes ses formes est condamné.

Dans l'esprit néotestamentaire, on peut dire que par ses activités l'homme concourt à hâter l'avènement d'une terre nouvelle et de cieux nouveaux. L'être humain peut être fier d'avoir lui aussi eu le privilège de partager sa vie avec Dieu, en s'efforçant de rendre au Seigneur ce qu'il a reçu de lui, mais en même temps en se présentant devant lui avec les talents fructifiés. Bref, l'image de Dieu appelle à la créativité afin de faire toujours des choses nouvelles. Cela implique nécessairement la capacité du dépassement de soi. Par la grâce de sa passion, de sa mort et de sa résurrection, Jésus offre à l'être humain de participer effectivement à la (re)création de l'humanité.

5.3- Le Nouveau Testament et le développement pour le progrès

Tout comme l'Ancien Testament, le Nouveau Testament fonde le développement pour le progrès sur la dignité de l'être humain et ce que cela comporte comme conséquences. L'être humain est appelé à développer ses capacités pour être en mesure d'assumer sa vocation qui consiste à soumettre, garder et cultiver. Il est convié à participer avec Dieu à la re-création du monde. Dans cette même dynamique, le Christ utilise la parabole des talents pour inviter chacun à devenir dans sa liberté souveraine, participant à l'œuvre créatrice, à son « image et ressemblance ».

Nous avons dénoncé, dans l'analyse des défis éthiques africains, des attitudes de certains qui comptent sur la chance, les forces mystiques ou le pouvoir de la sorcellerie pour réussir leur vie ou pour faire carrière. Cela s'oppose à la parabole des talents où Dieu, à l'image de ce maître qui part en voyage, fait confiance en l'être humain. Il le convie à être co-gestionnaire de la création. Il élève l'être humain en le voulant responsable de son agir, du développement dont il rêve. Dans le processus du développement pour le progrès, loin de s'en remettre au sort et à la décision des autres ou à une puissance extérieure comme cela se présente dans les pratiques de nombreux Africains, disons que l'être humain est appelé à faire triompher la vie, comme le disent les égyptologues, en prenant au sérieux sa responsabilité et en l'assumant à la mesure de ses moyens en étant fidèle. Bref, il est invité à être actif. L'attitude répréhensive est relative à la peur de s'engager, au renoncement à sa responsabilité en demeurant dans la médiocrité où on se contente du peu. A ce propos, l'évangile dit : « Serviteur mauvais et paresseux ! Tu savais que je moissonne là où je n'ai pas semé, et que je ramasse où je n'ai rien répandu [...]. Enlevez-lui donc son talent et donnez-le à celui qui a les dix talents » (Mt 25, 26-28). Il revient à chacun de fructifier les dons que Dieu lui a donnés, de « semer » et de « moissonner ». Il revient à chacun de passer à l'action pour apporter sa contribution à l'amélioration de la condition de vie humaine, comme le dit Paul VI, au « développement de l'homme et de tout l'homme ».

5.3.1- Christ, image de Dieu

Dans ce chapitre, nous avons relevé l'apport de l'Ancien Testament dans le processus du développement pour le progrès. Il est ressorti que le fondement de cette éthique repose sur l'image de Dieu d'où découle la dignité de tout être humain. Mais cette ressemblance de Dieu est une assertion qui ne relève pas seulement d'une théologie de la création. Elle renvoie aussi bien à l'Ancien qu'au Nouveau Testament, c'est-à-dire au Christ, le Nouvel Adam.

Dans la lettre aux Colossiens, Paul écrit que le Christ est le « Premier-né de toute créature » et que « tout a été créé par lui et pour lui » (Col 1, 15-16). En effet, tout « subsiste en lui » car « Dieu s'est plu à faire habiter en lui toute la plénitude et par lui, à réconcilier tous les êtres pour lui » (Col 1, 20). Dans ce plan divin, qui commence par l'éternité dans le Christ, « image » parfaite du Père, et qui culmine en lui, « Premier-né d'entre les morts » (Col 1, 15. 18). Le Christ propose parmi les êtres humains de manière visible le « Dieu invisible ». En Lui nous voyons le visage de Dieu, à travers la nature commune qui les unit. Le Christ, en raison de sa dignité, précède « toutes les choses » non seulement à cause de son éternité, mais également et surtout à travers son œuvre créatrice et providentielle: « car c'est en lui qu'ont été créées toutes choses, dans les cieux et sur la terre, les visibles et les invisibles... et tout subsiste en lui » (Col. 1, 16-17). Elles ont même également été créées « pour lui ». Et ainsi saint Paul indique une vérité très importante: l'histoire a un objectif, elle a une direction. L'histoire va vers l'humanité unie dans le Christ, elle va vers l'homme parfait, vers l'humanisme parfait. En d'autres termes, saint Paul nous dit: oui, il y a un progrès dans l'histoire. Le progrès est tout ce qui nous rapproche du Christ et nous rapproche ainsi de l'humanité unie, du véritable humanisme. Dans ces indications, se cache donc également un impératif pour l'humanité: travailler pour le progrès. Ceci est possible si nos actions contribuent au rapprochement des êtres humains au Christ. Donc, les processus de développement pour le progrès consistent à vivre à la suite du Christ, image parfaite de Dieu.

C'est dans la *kénose* que le Christ révèle à l'humanité l'image de Dieu. Cet acte est contraire à l'idée d'un Dieu qui utilise tout ce qu'il peut pour gonfler sa gloire, à l'instar des hommes de pouvoir qui commandent la soumettent et exploitent les autres. Ce que la croix et la résurrection nous révèlent de Dieu, c'est qu'il est profondément don, c'est-à-dire sorti de lui-même pour que l'humanité ait la vie en abondance[103], pour que la vie, au sens des traditions africaines, rayonne et soit prolifique. Ce n'est pas dans une exhibition impressionnante que Dieu révèle sa puissance mais dans la capacité de don total qui va jusqu'au retrait. Il y a là la puissance de se dire autre que soi, de faire exister l'autre que soi. On retrouve en cela le dialogue de Jésus avec Philippe, quand ce dernier lui a demandé de lui montrer le Père. Et Jésus lui répond : qui me voit, voit le Père. Il va maintenir cette phrase jusqu'à la croix. C'est sur la croix qu'on voit le don total de Jésus.

Suivre le Christ n'est pas sans risques ; marcher, c'est se limiter, c'est prendre des risques. Or, toutes les limites du chemin avec le Christ ont ceci de particulier qu'elles donnent paradoxalement la vie, ouvrent des possibilités, offrent un cadre pour l'épanouissement des libertés. Et cet épanouissement ne peut vraiment commencer que dans la

---

[103]Dans le processus du développement pour le progrès, les dirigeants africains sont loin d'imiter le Christ pour que la vie rayonne et prospère. Par exemple, au lieu de veiller à un salaire minimum décent et de créer des emplois pour donner la possibilité d'assurer sa vie et celle des siens, les responsables africains ne pensent souvent qu'à profiter de leur position pour s'enrichir eux-mêmes avec les membres de leur famille clanique.

communauté. C'est le lieu de l'engagement pour des actions qui conduisent au progrès ou qui humanisent le monde. C'est là porter sa croix pour suivre le Christ. Le développement au sens chrétien vise la constitution d'une communauté des humains, libres, capables de faire des choix individuels, mais aussi collectifs avec chacun son charisme. Par ailleurs, en refusant de porter sa croix et de suivre le Christ, l'être humain court le risque de l'égoïsme, de l'individualisme, du consumérisme, du manque de persévérance dans l'engagement pour le développement.

En réfléchissant sur la théorie du développement en Afrique, nous avons cité le texte des pères conciliaires parlant de l'ambivalence qu'il y a dans l'être humain, « d'une part il fait l'expérience de ses multiples limites ; d'autre part, il se sent illimité dans ses désirs et appelé à une vie supérieure »[104]. Cette ambivalence montre la finitude de l'être humain qui ne peut parvenir à son plein développement et à sa réalisation qu'en comptant uniquement sur ses forces et ses compétences. Il a aussi besoin de la grâce de l'Esprit de Dieu. La nécessité du recours à la grâce de Dieu se manifeste généralement, quand l'être humain fait l'expérience de la limite, c'est-à-dire quand ses forces l'abandonnent, quand il découvre son ignorance et fait l'expérience de ses incapacités d'aimer d'un amour vrai et juste.

Il y a donc écart dans l'être humain et lui-même. C'est là que s'inscrit la fragilité humaine. Dans le processus du développement pour le progrès, le premier moment est la découverte de la fragilité, la prise de conscience de la non-coïncidence ontologique et le second est la prise de conscience que le cœur est l'instance friable. D'où la

[104] *Gaudium et Spes*, n° 10.

nécessité de s'ouvrir à la grâce de Dieu et aux autres pour voir comment cet Esprit travaille aussi en eux.

5.3.2- L'amour dans le processus du développement pour le progrès

Dans le processus du développement pour le progrès, l'amour revêt une importance capitale[105], car il permet de donner une substance authentique à l'action humaine, à la relation avec le cosmos, les autres et Dieu. Parmi les nombreuses définitions qu'on donne à l'amour, figure le « sentiment à vouloir le bien » en général. L'amour[106] qui recherche le bien de chacun et de tous conteste les types d'amour vécus avec calcul ou ne recherchant que des intérêts personnels. A ce propos, saint Paul écrit : « l'amour prend patience, l'amour rend service, il ne jalouse pas, il ne plastronne pas, il ne s'enfle pas d'orgueil, il ne fait rien de laid, il ne cherche pas son intérêt, il ne s'irrite pas, il n'entretient pas de rancune, il ne se réjouit pas de l'injustice, mais trouve sa joie dans la vérité » (1Co 13, 4-8). La particularité de l'amour biblique est qu'il implique le don de soi, le sacrifice et le dépassement de soi (des tendances égoïstes et des limites imposées par des facteurs contingents) ; il commande une sortie vers l'autre. Il jaillit du dedans comme une exigence intérieure et s'épanouit au-dehors, dans des actions

[105]Pour montrer l'importance de l'amour dans l'action, saint Paul disait : « Quand je parlerais en langues, celle des hommes et celle anges, s'il me manque l'amour, je ne suis qu'un métal qui résonne, une cymbale retentissante. Quand j'aurais le don de prophétie, la science de tous les mystères et de toute la connaissance, quand j'aurais la foi la plus totale, celle qui transporte les montagnes, s'il me manque l'amour je n'y gagne rien » (1Co 13,1-3). Ce texte présente un visage exigeant de l'amour. Il ne satisfait pas des superficialités accommodantes.

[106] Dans notre travail, l'amour et la charité ont la même connotation.

bienveillantes. Le mouvement de l'amour vient du dedans non pas de l'extérieur, comme on pourrait le voir dans le type de solidarité africaine manquant de justice. Il vient du cœur ou de la solidarité qui s'exprime dans une prise en charge de ses réalités humaines, quoi qu'il en coûte pour sa vie. Ce dynamisme appelle l'être humain à porter sa croix, en affrontant de façon courageuse et juste les défis du développement pour le progrès qui se présentent à lui. Bref, c'est assumer sa responsabilité en œuvrant pour la justice sociale pour que revienne à chacun ce qui lui est dû. C'est œuvrer pour la justice contributive et le bien commun.

L'amour à la suite du Christ permet à l'être humain d'assumer sa responsabilité jusqu'au bout sans la déserter, ni la remettre entre les mains de qui que se soit, comme nous l'avons vu dans l'attitude de ceux qui vivent la solidarité en se mettant à la charge d'un des leurs. L'amour consiste à porter sa croix et à suivre le Christ qui conduit au bonheur, à la réalisation de l'être humain parfait selon la volonté de Dieu.

Entre l'amour et la justice, il y a un lien qui nécessite d'être reconnu. L'amour va de pair avec la justice. Ils sont inséparables. Dans ce couple, la charité dépasse la justice car aimer c'est donner, offrir du mien à l'autre ; mais la charité n'existe pas sans la justice qui conduit à donner à l'autre ce qui est sien, c'est-à-dire ce qui lui revient en raison de son être et de son agir. Non seulement la justice n'est pas étrangère à la charité, elle lui est intrinsèque. La justice est la première voie de la charité ; c'est ce que souligne Paul VI en la qualifiant du « minimum », une partie intégrante de cet amour en « actes et en vérité » (1Jn 3,18) auquel l'Apôtre Jean exhorte. D'une part, la charité exige la justice : la reconnaissance et le respect de la dignité humaine. Cela consiste à ne pas réduire l'autre en instrument de production mais à le considérer « toujours comme une fin, jamais simplement comme un moyen »[107]. D'autre part, la charité dépasse la justice et la complète dans la logique du don.

La charité présuppose et transcende la justice, car celle-ci nait et se développe à partir de la source intérieure de l'amour. C'est dans ce sens que Jean-Paul II souligne que la justice « doit trouver son complément dans la charité »[108]. Si dans le quotidien la justice est de soi propre à arbitrer entre les hommes, pour répartir entre eux de manière juste les biens et à donner à chacun ce qui lui est dû, l'amour au contraire, et seulement lui, est capable de rendre l'homme à lui-même[109]. Ce qui veut dire en d'autres termes que les rapports humains ne peuvent pas être uniquement réglés par la mesure de la justice humaine. Certes, pour la vie commune, la justice permet d'éviter des attitudes arbitraires, de répartir de manière juste les biens matériels ; mais les conflits que nous vivons dans notre continent, fragilisant le vivre ensemble et les activités humaines, montrent que l'existence humaine ne peut pas uniquement reposer sur la justice. De fait, la justice dans tous les domaines des rapports humains, notamment en cas d'impasse, doit recourir à quelque chose de supérieure telle que l'amour. L'amour est capable de rendre l'être humain à lui-même.

En somme, pour être intégral, le développement doit se réaliser dans le cadre de la solidarité et de la liberté, sans jamais sacrifier l'une à l'autre sous aucun prétexte. Le

---

[107] KANT, op. cit., p. 301-302.

[108] Jean-Paul II, *Message pour la journée mondiale de la Paix*, 2004, p. 10.

[109] Jean-Paul II, Encyclique, *Dives in misericordia*, 1980, p. 14.

caractère moral du développement et la nécessité de sa promotion sont mis en valeur, quand on a le respect le plus rigoureux pour toutes les exigences dérivant de l'ordre de la vérité et du bien, qui est celui de la créature humaine. Le chrétien, qui a appris à voir en l'homme l'image de Dieu appelé à participer à la vérité et au bien qu'est Dieu lui-même, ne comprend pas l'engagement en faveur du développement et de sa réalisation en dehors de la considération et du respect dus à la dignité unique de cette image. Autrement dit, le véritable développement doit être fondé sur l'amour de Dieu et du prochain, et contribuer à faciliter les rapports entre les individus et la société.

Nous venons de voir que la morale chrétienne fonde le développement pour le progrès sur la personne humaine, notamment sur la dignité. L'être humain, créé à l'image de Dieu, a la vocation de cultiver le jardin que Dieu lui a confié. Il est aussi appelé à participer à l'œuvre de Dieu par son travail, en prenant soin de la création. Comme le Père est toujours à l'œuvre et crée des choses nouvelles, l'être humain est appelé à faire toujours mieux pour son épanouissement et sa réalisation.

Nous avons aussi vu que le développement pour le progrès a pour finalité l'amélioration des conditions de vie humaine et non l'efficacité et la rentabilité. Le travail procède de la vocation des humains créés à l'image de Dieu et appelés à prolonger, les uns avec les autres, l'œuvre de la création en dominant la terre. Dans le processus du développement pour le progrès, le travail est un devoir. A ce propos, saint Paul écrit : « Si quelqu'un ne veut pas travailler, qu'il ne mange pas non plus » (2Th 3, 10). Le travail honore ainsi les dons et les talents reçus.

Comme le recommande le commandement de l'amour de Dieu et du prochain, l'action pour le développement doit être menée dans l'amour. Un amour qui appelle l'être humain à assumer sa pleine responsabilité jusqu'au sacrifice de lui-même. C'est de cette manière, comme le dit l'approche éthique africaine, qu'il rendra la vie féconde. Rappelons que dans les traditions africaines, il revient à chaque membre de la communauté de donner la vie à chacun. C'est par les autres qu'on devient une personne, un *être* authentique. Personne dans cette communauté n'a le droit de monopoliser pour soi la vie en tant que bien commun suprême, mais il doit la partager, l'encourager et l'augmenter par tout ce qu'il fait de bien. Mais pour que l'amour et la vie soient authentiques et remplissent leur rôle, ils doivent être précédés par la justice car c'est une exigence de la justice et de la charité que de vouloir le bien commun et de le chercher.

Outre le développement moral ci-contre, nous avons souligné que le fondement du développement pour le progrès doit concerner l'être humain, ainsi que toutes les composantes de sa vie. Dans le même ordre d'idées, disons que quand les individus et les communautés ne voient pas rigoureusement respectées les exigences morales, culturelles et spirituelles fondées sur la dignité de la personne et sur l'identité propre de chaque communauté, à commencer par la famille et par les sociétés religieuses, tout le reste - disponibilité de biens, abondance de ressources techniques appliquées à la vie quotidienne, un certain niveau de bien-être matériel - s'avérera insatisfaisant et, à la longue, méprisable. C'est ce qu'affirme clairement le Seigneur dans l'Evangile, en attirant l'attention de tous sur la vraie hiérarchie des valeurs : « Quel avantage un homme aura-t-il à gagner le monde entier, s'il le paie de sa vie ? » (Mt 16, 26).

Nous avons souligné que la théologie morale appelle à vivre le double commandement, à savoir « l'amour de Dieu et du prochain ». Cet amour engage l'être humain à assumer sa responsabilité jusqu'au bout sans la fuir, ni la remettre entre les mains de qui que se soit. Il peut être compris comme la capacité de se dépasser, pour vivre de façon authentique.

Vivre de façon authentique confère une importance toute nouvelle à la sincérité que l'être humain doit avoir envers lui-même. Comme le dit Taylor, s'il n'est pas sincère, il rate sa vie, ce que représente pour *lui* le fait d'être humain lui échappe totalement. Il risque de perdre l'idéal moral de ce rapport avec sa nature intime à cause des pressions conformistes ou parce qu'il adopte un point de vue instrumental envers lui-même. Mais l'authenticité dont il est question dans ce travail a un caractère dialogique. Elle est ouverte aux apports des autres, voire de la société en général.

L'amour ne fait pas fi de la justice, mais il distingue l'agir moral et les personnes morales, et condamne les actes mauvais tout en refusant de désespérer des personnes. Les exigences d'un tel amour dépassent les capacités humaines. Il ressort de notre réflexion que l'engagement pour le développement nécessite la justice, afin de protéger et de poursuivre les biens communs, indispensables à la réalisation de chacun et de tous. Certes, l'amour et la justice vont de pair comme nous l'avons souligné, mais sachant que les inégalités font partie des réalités sociales permanentes qu'on ne peut changer, l'amour va au-delà de la justice. L'amour dans la vérité n'est pas de connivence et n'accepte pas de compromis avec des structures injustes qui portent atteinte à la dignité humaine. A ce niveau, l'amour interroge la solidarité africaine, notamment celle qui est complice des actes de malversation. Ces aspects compromettent et déforment le progrès car les esprits corrompus ont un flair pour choisir la solution erronée et la soutenir.

Nous avons signalé plus haut l'importance de la foi au Christ dans le processus du développement pour le progrès. Qu'apporte cette foi concrètement à l'être humain ? C'est à cette question que le sous-thème suivant tentera de répondre.

5.3.3- La foi dans le processus du développement pour le progrès.

La foi chrétienne n'est pas un ensemble de principes éthiques contraignant à adopter des conclusions nécessaires. Elle est au contraire centrée sur un événement ou une expérience qui se déploie au cœur de la vie. Elle est aussi l'attitude d'attente confiante fondée sur la conviction que Dieu est à l'œuvre dans la vie personnelle et sociale. Cette foi restaure l'engagement de l'être humain dans la voie de la responsabilité, alors que la foi tablant sur la « chance » ou la « malchance » peut nous en détourner.

La foi chrétienne nous incite à prendre conscience que les attentes que nous avons pour le progrès s'enracinent dans des expériences historiques remontant souvent à l'enfance. La foi nous invite à désigner nos attentes et à les soumettre au crible des forces du progrès, du déclin et de la rédemption. Elle nous appelle à orienter nos attentes vers une direction bien précise, une question concernant le développement intégral de l'être humain, selon l'image de Dieu manifestée dans le Christ. La foi chrétienne est une proposition sur l'accomplissement humain selon la vision de Dieu. Elle reconnaît la fragilité de l'être humain devant la question du mal, mais sans permettre que celui-ci l'emporte.

La foi en la grâce de Dieu nous confère notre dignité humaine et nous habilite à améliorer nos conditions de vie, en assumant notre responsabilité qui est de soumettre la terre. Par conséquent, la foi nous permet de participer activement à tout ce qui a trait au développement pour le progrès, en construisant, en soutenant et en renouvelant les structures sociales, même lorsqu'elles sont partout menacées par le déclin. Le recours à la foi pour le développement ne signifie pas que nous sous-estimions les tendances égoïstes et les structures du péché qui sont en l'être humain. Cette attitude montre que nous croyons en la capacité divine de transformer ce qui est mort, de lui donner vie. En d'autres termes, la foi ne détourne pas l'être humain des réalités de la vie qui nécessitent « décision » et « engagement », mais tourne plutôt vers la mémoire et le témoignage des hommes et des femmes qui, à diverses époques, ont fait l'expérience du pouvoir salvateur de Dieu et s'y sont appuyés quand ils étaient au cœur du mal. La foi habilite l'être humain à assumer sa responsabilité et à faire son travail, pour améliorer sa condition de vie et humaniser le monde.

La foi chrétienne rend l'être capable de porter sa croix et de se mettre à la suite du Christ, sans se résigner aux multiples obstacles qui nécessitent courage et engagement. La croix symbolise le pouvoir du mal toujours présent au monde. L'être humain doit le combattre en assumant sa responsabilité. L'éthique du développement pour le progrès est une éthique de la responsabilité où l'être humain est ouvert à la grâce de Dieu. Ici, nous pouvons établir des liens avec l'approche éthique africaine.

Dans l'éthique africaine, le cosmos est perçu comme un lieu où vie et mort s'affrontent. Il est inconcevable de parler de l'une de ces entités sans parler de l'autre. Les deux sont liées. Dans leur combat, l'être humain doit s'allier des éléments de la nature pour que la vie triomphe toujours de la mort. Par cet acte, on parle de la triade vie-mort-vie. Dans la même dynamique, disons que le bien que l'être humain doit poursuivre pour son accomplissement cohabite avec le mal qui déforme ses aspirations, corrompt ses projets et mine ses réalisations. Cela est une réalité permanente. Dans son combat, il ne peut pas vaincre le mal une fois pour toute. Mais si l'être humain veut se suffire à lui-même dans cet engagement et cesser de rechercher des valeurs plus hautes, il blessera sa propre dignité ; autant s'il refuse le support du divin. La grâce de Dieu peut l'amener à satisfaire ses besoins les plus profonds. Bien sûr, dans son agir, la règle nécessite que ses activités soient conformes au bien authentique de l'humanité, mais cela doit se faire selon le dessein et la volonté de Dieu pour permettre à chacun de s'épanouir.

En somme, pour celui qui s'ouvre à la grâce de Dieu, nous dirons que le mal ne peut pas dominer car le dernier mot revient à Dieu. Ses efforts pour le développement, aussi corrompus soient-ils par le mal, s'insèrent ainsi dans une dynamique plus vaste où Dieu œuvre à la réalisation intégrale du Royaume.

Tout comme l'éthique africaine, la foi chrétienne nous fait aussi parler de la triade progrès-déclin-grâce rédemptrice de Dieu. Nous posons des actes responsables et participons aux actes responsables qui s'accumulent socialement et produisent des fruits selon une dynamique structurée de progrès historique. Mais un examen de notre agir laisse aussi apparaître des éléments du mal et du déclin. La forme la plus puissante de ce déclin tient non pas au mal commis intentionnellement par des individus, mais aux structures sociales du mal qui prolifèrent suivant la dynamique du vice, des déviations, de l'impuissance et du désespoir. Loin de se décourager, la grâce de Dieu vient à notre aide, renversant les effets du mal et faisant fructifier les efforts de concrétisation de la responsabilité.

La foi chrétienne conduit l'être humain à assumer sa responsabilité. Cet acte fait appel à la collaboration avec d'autres personnes. Dans cette dynamique, E. Messi Metogo remet en question les religions traditionnelles africaines, notamment dans « le refus de l'effort et du travail, la mentalité magique qui croit pouvoir résoudre tous les problèmes par le recours au rite. Il met aussi en question le déni de la condition humaine dans les attitudes devant la souffrance et la mort »[110].

Au total, la foi chrétienne conduit à la collaboration avec Dieu. Nous ne saurions considérer notre agir pour le progrès comme la force ultime de nos efforts. Certes, il nous incombe d'agir toujours pour le progrès, mais notre foi nous fait reconnaître les limites de nos actions, afin de nous ouvrir à la grâce de Dieu à l'œuvre dans nos vies et dans le monde.

Outre ce qui a été évoqué, ajoutons aussi que la foi chrétienne permet à l'être humain de saisir la profondeur

---

[110] E. Messi METOGO, « Le christianisme, les religions traditionnelles et l'Islam dans l'Afrique d'aujourd'hui » dans *Inculturation et Conversion. Africains et Européens face au synode des Eglises d'Afrique*, Paris, Karthala, 1994, p.69.

de ses actions et de ses relations. Par elle, chacun peut découvrir qu'il est plus grand que les richesses matérielles, plus que ce que la raison et la science peuvent sonder. Bref, la foi peut nous amener à prendre conscience d'être habité par quelque chose qui dépasse toute saisie sensible ou rationnelle. A ce propos, Karl Rahner écrit :

« De thématique l'homme fait l'expérience de Dieu et l'accepte comme condition de possibilité de certaines attitudes humaines fondamentales : là où l'homme garde l'espérance, bien que la situation soit désespérée ; là où une expérience joyeuse est vécue comme promesse de joie illimitée ; là où l'homme aime avec une fidélité et un abandon inconditionnel, bien que la fragilité des partenaires ne puisse aucunement garantir un amour radicalement inconditionnel ; là où l'obligation éthique est vécue comme responsabilité radicale, bien qu'apparemment elle mène à la ruine ; là où l'homme expérimente et accueille le caractère définitif de la vérité »[111].

Ces attitudes humaines fondamentales dont parle Rahner révèlent que la nature humaine est divine dans son fondement, c'est-à-dire dans sa source qui est Dieu. Dieu est le fondement et la source de son agir. Reconnaître cette dimension conduit l'être humain à poser des actes justes, bons et vrais qui vont l'humaniser et humaniser le monde.

5.4- Evangélisation et développement pour le progrès

Nous avons montré qu'au niveau théologique, la dignité humaine est le fondement de l'action pour le développement pour le progrès. L'être humain est à

[111] Karl RAHNER, « Kirklecheundausserkirkliche Religiösität», *Stimmen der Zeit*, 98, 1973, p. 9.

l'image et à la ressemblance de Dieu. A ce propos, il est convié à participer à l'œuvre créatrice de Dieu en respectant son rôle de co-créateur, à développer ses potentialités pour se perfectionner davantage. C'est ce que recommande la parabole des talents. Dans cette section, nous reprendrons l'essentiel de ce chapitre en l'orientant vers l'évangélisation.

Du point de vue théologique, nous avons vu que le développement pour le progrès passe par le changement de mentalité, l'auto-prise-en-charge, la responsabilité, le souci de l'intérêt commun et de la justice contributive. Ce changement sera plus efficace si nous intégrons aussi la dimension spirituelle, c'est-à-dire que nous laissions le Verbe de Dieu prendre possession de toutes nos valeurs culturelles et religieuses pour les convertir de l'intérieur. Donc, l'évangélisation dans cette perspective doit conduire à une conversion intérieure de l'être humain, à un dépassement de soi. Elle doit aussi être intellectuelle et rationnelle pour éviter des actions dont les moyens reposent sur la chance, comme nous l'avons relevé dans les défis éthiques en Afrique. Par ailleurs, elle ne doit pas faire fi de la dimension matérielle, parce que la charité chrétienne doit intégrer les dimensions du corps, du milieu social et du cosmos. Pour toutes ces raisons, l'Afrique devra « commencer par introduire en son propre sein, de manière résolue, la justice politique, sociale et administrative, éléments de la culture politique nécessaire au développement [...]. Pour sa part, l'Église apportera sa contribution spécifique s'appuyant sur l'enseignement des Béatitudes »[112]. Ce devoir exige que le potentiel intellectuel africain soit ajusté aux besoins en développement du continent.

[112] *Africae Munus,* n° 27.

La promotion de l'homme, de tout homme, de tout l'homme est une exigence en acte de l'évangélisation des peuples, c'est-à-dire de la « mission ad Gentes » de l'Eglise. A ce propos, Augustin Simmel Ndiaye relève que, évangélisation et promotion humaine ne peuvent être dissociées à cause des liens d'ordre anthropologique, d'ordre théologique et d'ordre de la charité. La mise en œuvre du Règne de Dieu intègre aussi la réponse aux défis posés à l'homme et à sa société en matière de dignité humaine, de justice, de paix, de développement social et économique, etc. Et là précisément, l'Eglise joue un rôle prophétique qui correspond parfaitement à sa nature intime. En somme, le développement de tout homme et de tout l'homme, comme droit humain et exigence morale qui s'imposent à tous, individus et institutions, se situe au cœur même de l'évangélisation[113].

Dans la continuité de ce qui précède, l'action évangélisatrice doit promouvoir des valeurs telles que l'humilité, la justice, la solidarité et l'amour. L'humilité permettra à l'être humain de se décentrer de lui-même pour laisser le Christ vivre en lui ; alors pointera à l'horizon la concorde et l'amour du prochain. L'humilité telle qu'enseigne la vie de Jésus est une véritable *kénose* entendue comme renoncement à soi-même, un don de sa personne pour la libération et le salut de tous. L'humilité chasse l'égoïsme qui conduit à profiter de sa position pour s'enrichir soi-même avec les membres de sa famille.

En intégrant la justice dans le processus du développement pour le progrès, chacun pourra vivre de la sueur de son front et aura droit légitimement et

[113] Augustin Simmel NDIAYE, « Une minorité confessionnelle dans l'État laïc. Point de vue d'un chrétien », dans Momar-Coumba DIOP (dir.), *Le Sénégal contemporain,* Paris, Karthala, 2002, p. 607.

honnêtement à ce qui lui revient. Tout comme l'humilité qui appelle à s'abstenir devant le bien commun sans succomber dans la tentation de se les approprier, la justice permet aussi de ne pas accumuler des biens tandis que d'autres n'ont même pas le nécessaire vital.

La promotion de la solidarité permet de mettre ensemble les forces, de se sentir tous responsables du développement pour le progrès. Dans cette dynamique, c'est chacun qui est appelé à apporter sa contribution et à participer activement. C'est ce que disent les traditions africaines quand elles affirment que l'abondance de la vie qui est le bien commun ne peut réussir que si tous les membres de la communauté sont en interaction constructive, c'est-à-dire, si chacun contribue au bien-être de chacun. La finalité de la solidarité est le renforcement et la sauvegarde de la vie, le bien-être de tous. Une de ses caractéristiques fondamentales est le partage. L'évangélisation doit donc insister sur la participation de tous, voire la justice contributive, pour que la solidarité soit vécue à la lumière de l'évangile sans compromission.

La charité, d'après saint Paul, est en lien avec les valeurs évoquées plus haut : l'humilité, la justice, la solidarité et toutes les valeurs évangéliques sans la charité ne sont rien (1Co 13, 1s). Donc, l'image et la ressemblance de Dieu implique la charité, voire le respect d'autrui car l'amour du Dieu invisible ne peut passer qu'à travers celui de son image visible. Dans le même sens, saint Jean souligne : « Si quelqu'un dit : j'aime Dieu, et qu'il hait son frère, c'est un menteur, car celui qui n'aime pas son frère qu'il voit, ne peut pas aimer Dieu qu'il ne voit pas. Et nous avons de lui ce commandement : Que celui qui aime Dieu aime aussi son frère » (1Jn 4,20-21). Rappelons une fois de plus que l'amour, voire la charité, dans le processus du développement pour le progrès, nécessite un recul nécessaire car l'amour de Dieu impose une certaine règle : la justice, notamment la règle d'or : « Tout ce que vous voulez que les autres fassent pour vous, vous aussi, faites-le pour eux, car c'est la loi et les prophètes » (Mt 7,12).

Pour terminer, disons que l'évangélisation dans le processus du développement pour le progrès doit conduire à un changement de mentalités, afin que l'être humain assume sa responsabilité ; en cela le développement intégral ne peut se traduire en actes que s'il provient de la liberté responsable des personnes et des peuples. Aucune structure ne peut garantir ce développement en dehors et au-dessus de la responsabilité humaine. A ce propos, comme le souligne Germain Grisez, l'être humain doit:

- Accepter tout comme un don de Dieu, même le fruit de son travail ;
- Se reconnaitre comme membre du corps du Christ et accepter son rôle limité ;
- Laisser de côté tout ce qui n'est pas nécessaire à la réalisation de sa vocation et à l'accomplissement de soi ;
- Supporter sans crainte ce qui est nécessaire ou utile à l'accomplissement de sa vocation. […] ;
- Vivre selon la foi ;
- Ne pas faire le mal pour qu'il en résulte le bien. Accepter de coopérer avec Jésus à l'amour rédempteur[114].

[114]Germain GRISEZ, *The Way of the Lord Jesus,* Vol. 1, *Christian Moral Principles*, Chicago: Franciscan Herald Press, 1983, *p. 654.* Voir aussi Emmanuel MBOUA, *Fondement des valeurs éthiques africaines,* p. 198-199.

Conclusion partielle

Dans la démarche effectuée, il ressort que le développement est au carrefour de tous les devoirs sociaux. Pour qu'il atteigne sa finalité qui est l'amélioration de la condition de vie humaine, en offrant plusieurs possibilités de choix, il faut garder une tension équilibrée entre le développement technique et le développement politique. Si le pôle technique par exemple est privilégié, il y a le risque d'asservir l'être dans sa dignité, de porter atteinte au sacré et à tout ce qui donne sens à la vie humaine : les valeurs fondamentales.

Nous avons vu que l'éthique théologique met au centre l'être humain. C'est ce dernier qui est le sujet du développement pour le progrès. Cela signifie qu'on doit mettre en avant le primat de la personne humaine, sans le noyer dans le processus de production des biens matériels, ni dans la recherche effrénée de l'efficacité. Cette prérogative lui vient de ce qu'il est avant tout image de Dieu qui fait que la finalité même du développement doit être la personne humaine. Cela implique en même temps que l'être humain se comporte réellement comme image de Dieu.

Dans l'analyse des défis en Afrique, plutôt que de chercher les causes à l'extérieur (dans la colonisation comme le font certains éthiciens), nous avons préféré les circonscrire à l'intérieur du continent, afin de dégager celles secrétées par des Africains eux-mêmes. Cette démarche a consisté à les amener à analyser et à comprendre les facteurs empêchant le développement pour le progrès, à la lumière de leur propre histoire. Il y a dans ce processus une invitation à la conscientisation et à la responsabilité pour une mise en route de « l'intelligence » et de la « créativité », pour tendre vers le progrès et pour que la vie soit féconde et prolifique.

L'Africain est appelé à avoir un souci constant de l'humanité, non au sens individualiste et égoïste du terme, mais une perception communautaire et universelle : la volonté de développer un « imaginaire » qui se traduit en action, une créativité propre à l'Afrique. Cet acte exige une ferme détermination pour combattre le statu quo, la passivité, le manque de rigueur et de rationalité. C'est un appel à assumer sa vocation pour s'humaniser et humaniser le monde.

Dans le même sens que ceux qui ont une vision anthropologique du développement pour le progrès, certains courants de pensée africaine en font autant. A la place de l'homme, ils préfèrent parler de la vie pour exprimer la même réalité. Dans le développement, il est ressorti que le propre de l'Africain est d'œuvrer pour que la vie triomphe à jamais de la mort. Cet acte n'est pas ponctuel, il dure toute la vie. Il est constitutif de l'être humain car celui-ci est appelé à s'accomplir, à se perfectionner en passant d'un état inférieur à un état supérieur et vertueux. Pour y parvenir, l'Africain est appelé à assumer sa responsabilité en maintenant une tension équilibrée entre les différents rapports : rapport au cosmos, rapport aux autres, rapport à soi.

L'exercice de la responsabilité nécessite que l'Africain cultive la vertu de prudence dans ses actions, c'est-à-dire à trouver le juste milieu de son agir. Ce qui exige que l'engagement soit bien pesé pour voir les avantages et les inconvénients. Ainsi, l'être humain ne pourra plus agir en se fiant tout simplement à la chance ou la malchance, mais plutôt dans le souci d'une évaluation sage et raisonnée des conditions de l'action.

La réflexion faite à partir de la morale sociale chrétienne a relevé aussi que le fondement du développement pour le progrès est anthropologique : l'homme créé à l'image de Dieu. Sa nature de créé lui confère une dignité et le fait participer à la providence de Dieu, puisqu'il est appelé à « soumettre » la terre et à la « dominer ». Par rapport aux défis de l'éthique en Afrique, la théologie morale lance une invitation afin que chacun assume sa vocation, en tenant compte de son existence et des moyens qui lui sont nécessaires pour vivre dignement. Ici nous voyons la nécessité de développer ses talents comme le demande le Christ ou la nécessité de combattre par le travail toute forme de paresse et d'oisiveté. Nous y voyons aussi l'importance de l'engagement, de la créativité et de l'inventivité pour faire face aux problèmes réels qui se présentent aujourd'hui. C'est aussi un appel à collaborer avec d'autres, car la question du développement n'est pas l'affaire d'une personne mais de tous.

Le développement doit se réaliser dans la solidarité avec les autres. Le caractère moral du développement et la nécessité de sa promotion sont mis en valeur, quand on a le respect le plus rigoureux pour toutes les exigences dérivant de l'ordre de la vérité, de la justice et du bien, qui concerne la créature humaine. En outre, La Bible enseigne que l'être humain créé à l'image de Dieu, est appelé à participer à la vérité, à la justice et au bien qu'est Dieu lui-même. Dans cette vision, le développement pour le progrès ne pourrait être compris en dehors de la considération et du respect dus à la dignité unique de cette « image ». Autrement dit, le véritable développement est fondé sur l'amour de Dieu et du prochain, et contribue à faciliter les rapports entre les individus et la société en général.

Avant d'entamer le développement pour le progrès selon Lonergan, rappelons que notre objectif consiste à chercher sur quoi fonder l'éthique pour l'agir responsable conduisant au progrès en Afrique. Il convient donc de garder en mémoire cet objectif afin de comprendre l'esprit de ce travail.

TROISIEME PARTIE

La caractéristique de l'approche éthique de Bernard Lonergan est qu'elle évite d'appliquer des théories uniformes ignorant les particularités qui pourraient constituer une contribution au développement pour le progrès. Lonergan offre à tout être humain et à toute culture, des instruments permettant de dépasser le soi, les connaissances et les valeurs afin de devenir habile et averti face aux éventualités qui se présentent dans la vie. La particularité de l'approche lonerganienne consiste à se comprendre dans sa propre structure de conscience. Quand l'être humain parle, il utilise ses structures de sens. Donc, Lonergan invite tout être humain à prêter attention aux différentes opérations de sens et de significations qu'il déploie dans la poursuite de sa visée. C'est de cette manière qu'il pourra développer des habiletés et des vertus pertinentes qui lui permettront d'accomplir des tâches nouvelles. C'est en somme devenir apte à résoudre les problèmes susceptibles d'être un obstacle au développement pour le progrès.

CHAPITRE 6 : L'APPROCHE THEORIQUE DE LONERGAN ET LE DEVELOPPEMENT POUR LE PROGRES

Dans l'approche définitionnelle, nous avons vu que les notions développement et progrès entretiennent des relations de réciprocité. Dans leurs visées, ils placent l'être humain au centre de leurs activités et traitent l'élargissement de ses choix dans l'optique d'une vie conforme à ses attentes. Au lieu d'utiliser l'un ou l'autre dans notre travail, nous préférons parler du développement pour le progrès. Car les actions humaines n'ont pas toutes la même direction. Ce chapitre montrera que celles qui sont faites de façon vertueuse contribuent à l'élargissement de l'horizon de connaissance, des valeurs. Elles concernent l'acquisition des habiletés afin de faire face aux nouvelles éventualités qui se présentent à la vie, à l'épanouissement humain, d'où l'expression du développement pour le progrès. Par ailleurs, il peut arriver qu'à la place des vertus, l'être humain et la société en général développent des attitudes favorisant l'accroissement des vices. De telles actions peuvent tendre vers le déclin.

Le travail fait jusqu'ici a traité le développement pour le progrès en s'appuyant sur une approche anthropologique qui comporte des normes et des valeurs qu'il faut promouvoir. Tout comme cette approche, le point de départ de l'éthique de Bernard Lonergan est anthropologique. Mais pour lui, pour tendre vers le développement pour le progrès, il est important que l'être humain saisisse comment fonctionnent ses propres opérations de conscience et, conséquemment, de s'en rendre responsable. Pour Lonergan, le développement n'est possible qu'à travers une succession d'engagements compris, s'améliorant chaque fois et un élargissement de son horizon de connaissance et de valeurs.

6.1- La philosophie de Bernard Lonergan

L'approche de Lonergan est une invitation à s'engager dans une réflexion originale sur les actes qui nous lient aux autres dans des activités quotidiennes de nos organisations. Dans l'agir, l'attention humaine se porte souvent sur les objets de ses activités : les documents, les tâches, les transactions, les innovations, les directives, de même que les problèmes techniques, financiers ou interpersonnels qu'elle doit affronter. Or, au cœur de toutes ces activités, un autre champ de recherche s'ouvre à lui, une recherche concernant le « soi » et les opérations de signification que l'être humain déploie dans l'accomplissement de son travail.

De ce qui précède, soulignons que pour mieux comprendre la théorie de Lonergan, il faut orienter l'attention sur la connaissance de « soi ». Lorsque l'être humain réfléchit à ses opérations de signification, il découvre non seulement qu'elles sont là, mais aussi qu'elles possèdent une structure normative, une configuration récurrente qu'il peut discerner et formuler comme un guide pour affronter les problèmes éthiques.

Dans les sections qui suivent, nous allons nous intéresser à la manière dont cette connaissance fonctionne et cela nous aidera à esquisser une éthique du développement pour le progrès, à partir d'une inspiration issue des écrits lonerganiens. Dans le même ordre d'idées, retenons que le propos de Lonergan n'est jamais d'offrir un exposé sur le développement. Il lance plutôt une invitation à s'engager dans l'aventure fascinante de la découverte de soi. Nos vies quotidiennes sont tissées d'actes de compréhension, de jugement et de décision éthiques. Ces actes possèdent tous une résonnance personnelle. Ils présentent une décision que tout être humain peut arriver à connaître, en prêtant attention à ses expériences personnelles. Dans l'agir responsable, Lonergan souligne que l'être humain doit « apprendre à distinguer nettement le progrès et le déclin, apprendre à encourager le progrès sans favoriser le déclin, apprendre à enlever la tumeur de la fuite de la compréhension sans détruire les organes de l'intelligence »[115].

Pour mener ce chapitre à son terme, nous nous appuierons sur certains écrits de Lonergan et les commentaires publiés par les spécialistes de sa pensée, notamment Melchin Kenneth. La question fondamentale qui se dégage est de savoir comment les structures des opérations de connaissance, d'horizons et de valeurs peuvent-elles contribuer au développement pour le progrès. Signalons que dans notre livre *Fondement éthique du vivre ensemble*, nous avons utilisé l'approche de Lonergan, en la mettant en dialogue avec d'autres auteurs. Mais la particularité de ce chapitre est son usage dans un tout autre domaine d'activité.

6.2- Structure des opérations de connaissance

Chez Lonergan, il existe un procédé qui consiste à rendre explicites les éléments cognitifs de l'action humaine. Si nous nous interrogeons sur le contenu du développement pour le progrès, comme c'est le cas dans ce présent travail, nous connaissons déjà un peu l'objet de notre recherche. L'inconnu ici est la question relative à

---

[115] LONERGAN, *op. cit.*, p. 6

« qu'est-ce que le développement pour le progrès ? ». En clarifiant notre contenu et en rendant explicite notre recherche, nous précisons la connaissance de ce que nous recherchons.

Les données venant des sens constituent les matériaux élémentaires de la connaissance et l'attention à ces données est à l'origine de l'agir moral, voire la responsabilité au sens de l'éthique. C'est en prenant conscience du réel que nous sommes portés vers l'étonnement et vers l'interrogation. Ce niveau permet d'entamer un processus de l'action. Evidemment, en nous référant à l'expérience quotidienne, nous pouvons souligner que les gens ne se questionnent pas sur toutes les activités car dans certaines sphères d'activités les faits sont près des choses simples de la vie.

La visée de la question « qu'est-ce que c'est ? » et « pourquoi c'est ainsi ? » sont des questions relevant de la compréhension, des questions qui visent une certaine détermination de ce qui existe[116]. Par ces questions, notre attention est orientée vers la compréhension. Nous effectuons des recherches afin de comprendre les phénomènes venant de l'extérieur.

Loin de se contenter des questions découlant des faits ou de l'attention, nous devons chercher des réponses qui nous satisfont. Alors, nous essayons de placer dans un ordre convenable des symboles, des images, des représentations en vue de pouvoir éclairer ce qui est d'abord obscur pour nous. Le but est de schématiser les données pour saisir les relations intelligibles qui permettent de les expliquer

[116] Idem., p.33.

Lonergan accorde une place importante à cet acte qui se produit en nous, lorsque nous nous penchons sur un problème et que nous comprenons l'intelligibilité immanente aux données. A ce propos, il écrit : « Notre attention s'est portée sur l'objet, mais pendant que nous prêtions attention à l'objet, quelque chose s'est produit en nous. Nous avons vu qu'il faut… Selon Thomas, chaque fois que nous essayons de comprendre quelque chose, nous formons des images dans lesquelles nous voyons, pour ainsi dire, la solution du problème »[117].

Le progrès nécessite la compréhension de ses actes, la volonté délibérée d'agir et la responsabilité. Pour Lonergan, l'engagement pour l'action se situe dans une dynamique d'opérations dont chacune constitue le maillon d'une chaine. Le principe de départ est rattaché aux faits concrets de la vie de l'individu ou du monde qui l'entoure. L'observation des actions morales révèle que les faits provenant du monde environnemental ou de la vie même ordinaire attirent l'attention de l'être humain et suscitent des questionnements et une prise de conscience. Sur ce plan, l'approche de Lonergan invite chacun à développer l'attention et l'observation de la vie humaine en général ; puis viennent la délibération et l'action.

Partant de ce qui vient d'être dit, soulignons que dans l'engagement tendant vers le développement pour le progrès, l'être humain doit véritablement prêter attention à l'expérience fondamentale de la responsabilité en tant que dynamisme de sollicitude qui lui est révélé dans son propre agir moral. C'est là qu'il découvrira les causes profondes des actions nécessitant l'engagement et la responsabilité. C'est ce qui lui fait dire que l'engagement et l'action humains sont le résultat d'un processus

[117] Ibid., p. 31

jugement. Le type de questions que vous pourriez vous posez se rapporte à : « qu'est-ce qu'il faut faire? »[122]. Cette question comporte une dimension éthique par rapport aux deux premières qui semblaient découler des faits ordinaires. Elle appelle à réagir au fait qui s'est produit ou au cri de l'enfant. Ici, il y a une différence entre le premier niveau qui se rapporte au fait, c'est-à-dire à quelque chose qui est déjà passée ou qui est présente. Par contre, le faire appelle l'être humain à une action morale qui n'est pas encore réalisée. Tout comme les questions relatives au fait, les questions se rapportant à ce qu'il faut faire laissent l'être humain dans l'incertitude. Pour qu'elles soient morales, l'être humain doit passer à un autre niveau : l'action. En morale, en effet, l'importance n'est pas seulement la connaissance des faits mais la concrétisation de la connaissance dans des actions pour changer et améliorer la situation présente. Elle l'invite au quatrième niveau qui n'est rien d'autre que l'action. Melchin l'exprime par les termes « fais-le »[123].

Le quatrième niveau est celui de la responsabilité. Il permet de délibérer, de décider et de chercher des voies et des moyens pour mettre en application les connaissances qu'on a des faits, voire des situations données pour les changer.

Reprenant ce qui précède, soulignons que la compréhension de la structure de connaissance permet à l'être humain de comprendre ses actions pour un agir moral et responsable. Le développement de cette section révèle que l'investissement pour le développement pour le progrès, commence par des situations et des faits vécus par l'être humain dans le quotidien de sa vie. A ce propos, les

---

[122] Ibid., p. 43.
[123]Ibid., p. 45.

attentif »[135], *« être intelligent », « être rationnel et raisonnable », « être responsable ».* Le premier élément de ces quatre opérations demande à l'être humain de porter son attention sur des affaires humaines, sur tout ce qui se passe dans son entourage. Ce qui nous fait dire que l'attention met en branle le processus cognitif et préside finalement à un développement authentique. Le second élément voudrait que l'être humain saisisse des possibilités jusque-là inaperçues ou non actualisées. Le troisième élément exige qu'il rejette ce qui n'a pas probablement de chance de donner les résultats voulus et qu'il reconnaisse ce qui en donnerait probablement. Le quatrième élément nécessite que l'être humain axe ses décisions et ses choix sur une juste évaluation des avantages et des inconvénients, à long et à court termes, pouvant découler de l'engagement. Ceci est pour soi, pour le groupe et pour l'ensemble de l'humanité.

6.5- Les valeurs ou les significations

L'orientation de tous vers le développement pour progrès, exige que chacun agisse de manière significative dans la direction du dépassement de soi et de l'épanouissement humain. A ce propos, soulignons que l'approche de Lonergan fournit à l'être humain des outils lui permettant de hiérarchiser les valeurs favorisant le développement pour le progrès, c'est-à-dire des valeurs tenant compte des désirs personnels, communautaires ou sociaux et universels. Cette éthique distingue trois niveaux

---

[135]En parcourant quelques auteurs célèbres, nous voyons que c'est par « l'observation » que Darwin a élaboré la théorie de l'évolution, Rahner développe une approche « d'écoute » et Lonergan, l'analyse des structures d'opération par « l'attention ». Nous pouvons déduire par ces exemples que l'action pour le progrès commence par notre relation aux réalités qui nous entourent, par un « *insight* » sur les réalités des choses, finalement par une authentique conversion.

socialisantes de l'ensemble des personnes partageant une même culture »[133].

Notre conception de conversion reprend l'approche philosophique de Lonergan. Et comme le dit Karl Rahner, la conversion n'est pas seulement à concevoir dans le sens religieux. C'est aussi ce qui élève et intègre, va au-delà de ce qui est élevé et intégré, introduit quelque chose de nouveau et de distinct, met tout sur une nouvelle base. Loin de détruire ce qui est élevé, elle en a au contraire besoin, elle l'inclut, en préserve tous les traits et les propriétés et les entraîne vers une réalisation plus complète et plus riche[134]. Si cela est vrai pour l'être humain, il l'est aussi pour le monde des affaires. Pour améliorer les capacités et la qualité de leur production, les entreprises doivent mener des recherches de nouveaux biens et services, en rapport avec les orientations du marketing. Ce faisant, elles pourront faire croître leurs chiffres et répondre aux besoins de la population. Mais selon Njoh-Moelle, beaucoup d'Africains ne sont pas encore rendus à ce stade de dépassement de leurs horizons de connaissance. Ils ignorent encore que les entreprises qui réussissent sont celles qui investissent dans les activités de recherche-développement, dans l'innovation des techniques utilisées.

Selon Lonergan, le développement pour le progrès procède des valeurs originelles, c'est-à-dire des sujets qui sont vraiment eux-mêmes, lorsqu'ils observent les structures d'opération de connaissance : *« être*

---

[133] MELCHIN, *op. cit.*, pp. 117. 124.

[134] Karl RAHNER, *L'homme à l'écoute du verbe*, Tours, 1968, pp. 57-58.

Par la conversion, l'être humain devient un être nouveau et son horizon connaît un élargissement et une profondeur nouvelle. Il s'ouvre au réel, alors que ses anciennes limites s'évanouissent et sa vision du monde, bâtie à partir seulement d'un ou de deux niveaux de conscience, se désintègre. De même, la façon de comprendre ce que livre la tradition change pour devenir plus adéquate; car le converti sait maintenant ce que c'est que d'être *intelligent et rationnel.* Il possède dans ses niveaux de conscience un point de référence pour comprendre et accueillir ce qui, dans la tradition, est fidèle aux exigences fondamentales de l'esprit. Ou encore, les mots qu'il utilise changent de signification, car ils se réfèrent à de nouveaux objets.

L'engagement moral tel que compris dans ce livre ne répond pas seulement aux exigences ponctuelles d'ici et maintenant. Il vise aussi à transformer la personne de façon à ce qu'elle devienne habile dans l'action et plus compétente de manière éthique l'amenant à faire face aux nouvelles éventualités qui se présentent dans la vie. C'est un appel au dépassement constant de soi. Ce qui est intéressant dans cet acte, c'est que l'agir éthique est vécu en relation avec d'autres personnes. Il y a une interrelation. Chacun participe à la construction de la vie et de l'identité des autres. Cette participation se fait dans le dialogue et l'ouverture aux autres. Ainsi, la transformation éthique qui est en jeu dans l'agir de la personne n'est pas seulement la conséquence de ses actions mais cela a aussi un impact sur la constitution de l'identité morale et de la capacité des autres. C'est ce qui fait dire à Melchin que « notre agir moral [...] est participation au façonnement des identités socialisées et n'est pas averti pour y faire face car il n'a aucune idée qu'il y a quelque chose à connaître.

Il ne fait pas de doute que nos horizons intellectuels, moraux et religieux sont limités. Mais le dialogue entre les horizons différents opère une conversion en chaque être. Par cet acte, chacun devient un être nouveau et son horizon connaît un élargissement et une profondeur nouvelle. Cette dimension appelle l'Africain à sortir de son milieu, de sa tradition qui a une vision particulière du monde en lien avec des valeurs qu'il privilégie et protège. Ainsi, il s'ouvrira à d'autres cultures et d'autres valeurs humanisantes. L'ouverture à d'autres cultures conduit à la conversion et au dépassement de soi.

6.4- Le dépassement et la conversion des horizons

Sachant que les différents horizons de connaissance et de valeurs sont limités, l'être humain est appelé à situer ses horizons dans un processus dynamique, allant sans cesse au-delà de ce qui est donné ou de ce qui est habituellement connu, tendant sans cesse à une compréhension plus riche et plus complète du monde encore inconnu ou incomplètement connu[131]. Le dépassement de soi cognitif entraîne un changement radical d'horizon et de ce que l'être humain a l'habitude de faire. Ce changement est radical, car entre l'horizon ancien et le nouveau qui émerge, il existe une différence fondamentale : les nouvelles acquisitions. C'est ce que Lonergan appelle la « conversion »[132].

---

[131] D'une façon générale, l'être humain se sent en sécurité quand il fait face à ce qui lui est connu. L'inconnu fait peur et déstabilise. Le dépassement et la conversion des horizons l'appellent à s'ouvrir vers l'inconnu pour accroître ses potentialités cognitives, morales et intellectuelles.

[132] LONERGAN, *op. cit.*, p. 272.

questions permettent de trouver des solutions, en lien avec la réalité existentielle de l'être humain. Le jugement oriente vers le choix des moyens éthiques pour une action responsable.

En fait, le processus des choses venant des sens de l'être humain inclut sa réception et provoque des questions. Les questions sont importantes pour se mettre en mouvement, pour une prise de conscience et pour une action motivée et responsable. Autrement dit, les questions permettent de comprendre les données extérieures, les faits. Plus l'être humain les comprend, plus il est motivé ; il se sent acteur et il cherche des moyens adéquats pour intervenir. Les questions apportent un éclairage par rapport aux faits et c'est à partir de là qu'il est possible de tenter d'approcher la problématique de la prise de décision.

La première opération qui est de l'ordre du fait, de la situation donnée et la troisième opération qui est de l'ordre du faire présentent des structures similaires. Ces opérations laissent l'être humain dans un état d'incertitude de responsabilité. Pour qu'elles aient leur sens, les réponses qu'on donne à chacune doivent cadrer avec les questions posées, en lien avec des données relatives à la situation. C'est de là que découle l'éclairage évoqué au paragraphe ci-dessus.

La question « qu'est-ce qu'il faut faire ? » propulse au quatrième niveau qui est l'engagement ou l'action[124]. Elle a des implications concrètes : agir conformément à la délibération (ce qui n'est pas toujours le cas, car l'être humain peut posséder des connaissances des faits sans

---

[124] C'est ce que Lonergan appelle la « décision ». Voir *Pour une méthode en théologie*, section 1.2.

vouloir passer à l'action pour y remédier). Donc, à l'intérieur de la structure de responsabilité, se trouvent la structure de l'expérience ou des données empiriques, la compréhension de l'expérience et le jugement vers le but.

Les quatre niveaux d'opération développés plus haut, s'apparentent au proverbe africain formulé de façon critique : « Quand l'*homme ne perçoit plus correctement, ne comprend plus correctement, ne désire plus correctement, n'agit plus correctement »*[125]. Ceci signifie en quelque sorte que l'agir responsable et le progrès procèdent des valeurs de l'être humain, observant chaque niveau d'opération qu'on trouve dans la théorie de Lonergan : *sois attentif* en explorant toute la gamme des données de l'expérience, *sois intelligent* en cultivant un esprit de recherche et en obtenant des « *insights* »[126] sur les données de l'expérience, *sois rationnel* en soupesant les données probantes et en jugeant de la validité des « *insights* » *et sois responsable* en agissant en fonction des « *insights* » valides. Chaque précepte entraîne l'être humain plus loin, le faisant avancer de la simple expérience vers la compréhension, de la simple compréhension vers la vérité et la réalité, de la connaissance des faits à l'action responsable.

Nous venons de montrer comment l'être humain parvient à un agir responsable de façon éthique. Mais notre travail sera limité si nous laissons l'héritage culturel et tout ce qui a trait à l'éducation, car nos jugements et nos

---

[125]*Pensées sages africains, septembre 01/09 au 06/09* www.bagjean.centreblog.net/rub-penses-originelles-deseptembre-,html . Consulté le 20 mai 2013.

[126]Chez Lonergan, le terme *insight* est le trait de lumière, « le déclic ». En termes plus techniques, c'est la saisie, la découverte d'une intelligibilité. Par lui, on découvre une signification.

décisions en portent la marque. A ce propos, soulignons que les réponses que l'être humain donne au niveau du faire ou de l'action correspondent au jugement de valeurs morales. Sur ce plan, l'héritage culturel transmis lui procure le contenu éthique, permettant d'intervenir dans des situations qui cadrent avec les exigences de la vie en société. Ce qui nous fait dire que la décision, voire la délibération pour l'action est inspirée par l'acquiescement à des valeurs et à des principes personnels et collectifs. Mais ce qui est fondamental dans l'agir moral, c'est la capacité de se tourner vers soi-même pour comprendre ce qu'est la responsabilité morale. Donc, l'Africain est invité à se tourner vers les différentes forces qui le portent à travers les stades de l'agir responsable.

Nous avons vu comment l'être humain passe de l'expérience à l'agir responsable, du fait (donnée empirique) au faire (l'action). La question qui se pose est de savoir comment il parvient à développer ses connaissances, de manière à devenir plus apte dans l'agir.

6.3- Structure des Horizons de connaissance.

Les quatre niveaux d'opération développés plus haut permettent de passer d'une situation de repos à l'action, de l'ignorance au savoir car l'action intervient après la compréhension des faits. C'est ce qui fait dire à Lonergan que « la conscience du sujet se déploie dans une dimension nouvelle quand il passe de la simple expérience à l'effort de comprendre ce dont il a fait l'expérience […] »[127]. Du développement sur la compréhension de la structure de connaissance, nous pouvons retenir que l'action morale n'est pas un mouvement qui va directement de l'expérience à l'action. Elle forme plutôt

---

[127] LONERGAN, *op. cit.*, p. 22.

une chaîne complexe d'opérations dont chacune est suscitée par un type de questionnement distinct. Mais les différentes structures d'opération forment un tout. C'est par leur compréhension que l'être humain peut parvenir à un agir responsable.

La prise de conscience, telle qu'évoquée plus haut, appelle l'Africain à s'ouvrir à l'extérieur, à d'autres cultures afin d'enrichir, de développer ses horizons de connaissance et d'acquérir des outils lui permettant d'agir de façon éthique. Quel sens donnons-nous à l'horizon de connaissance ?

L'horizon, selon le sens commun, est le lieu où le ciel et la terre semblent se toucher. A analyser cette définition, nous constatons qu'elle est identifiée par rapport au champ visuel de l'être humain. C'est ce que celui-ci peut voir. Qu'en est-il s'il se déplace ? Si par exemple quelqu'un avance vers l'horizon, son champ de vision change, la limite imposée à son regard recule, la ligne de partage entre ce qu'il peut voir et ce qu'il ne peut pas voir se déplace: de nouvelles réalités apparaissent dans son champ de vision, tandis que d'autres, derrière lui, disparaissent. Il ressort pour le sens commun que l'horizon signifie la ligne de partage entre ce que l'être humain peut voir et ce qu'il ne peut pas voir. Au sens métaphorique, le mot signifierait la ligne de partage entre ce qui intéresse l'être humain, ce qu'il ne connaît pas, et ce qui ne l'intéresse pas, ce qu'il ne connaît pas. Notons l'accent sur le caractère limitatif de l'horizon. L'horizon constitue donc la limite du champ d'intérêt et du savoir de l'être humain. Il établit une ligne entre un intérieur dans lequel l'être humain est confiné et un extérieur qui lui échappe tant du point de vue de l'intérêt que de celui de la connaissance.

En reprenant la théorie philosophique de Lonergan, nous pouvons souligner que l'horizon ne s'étend pas simplement à nos connaissances, mais aux questions de l'être humain, voire la zone intermédiaire entre une connaissance complète et une ignorance totale; inversement, l'extérieur de l'horizon commence là où prennent fin les questions. Dès lors, l'horizon d'une personne se divise en deux zones ; d'abord une zone de lumière, celle des objets qu'elle connait vraiment, puis une zone de pénombre, celle qui comprend les objets qui ne lui sont présents que sous forme de questions auxquelles elle essaie de répondre. A l'extérieur de l'horizon se trouve la zone de ténèbres qui comprend, non seulement ce que la personne ne connaît pas, mais également ce qui représente pour elle des questions insignifiantes et sans importance. Ainsi, nous arrivons à la conclusion que l'étendue de l'horizon correspond avant tout à l'étendue des questions auxquelles l'individu peut répondre ou essaie de répondre.

En d'autres termes, l'horizon ne se réfère pas seulement à la limite de ce qu'on peut voir, mais aussi à la limite de ce qu'on peut comprendre, questionner. C'est ce qui fait dire à Melchin : « Ils sont également moraux ou éthiques : le domaine des objets auxquels nous octroyons une valeur ou dont nous nous soucions accuse des limites liées à notre position, à nos points de vue »[128]. Bref, les horizons marquent la limite du champ de questionnement de l'être humain, donc la limite de ce qu'il peut connaître. Ils constituent la limite de nos connaissances et de nos intérêts. Par rapport à la vie morale, les horizons délimitent ce dont l'être humain se soucie habituellement.

Toute réflexion faite, disons que l'horizon ne signifie pas seulement le choix entre deux choses mais il peut se

[128] MELCHIN, *op. cit.*, p. 48.

rapporter à la capacité de poser des questions car il y a des choses qui arrivent à l'intérieur de notre expérience. Melchin les situe à trois niveaux :

Le premier niveau correspond au *connu connu,* c'est-à-dire que les réponses que la personne donne correspondent d'une part aux faits ; d'autre part, elles vont dans le sens des valeurs qu'elle a acquises au fil du temps, à travers l'éducation, la culture et l'expérience. C'est ce qui fait dire à Melchin que dans la vie, l'être humain parvient à connaître, à comprendre et à aimer des valeurs particulières tout comme il connaît, comprend et déteste des antivaleurs, des choses qu'il estime mauvaises[129].

Le second niveau correspond au *connu inconnu.* Il a été souligné plus haut que les horizons ne se limitent pas seulement à ce qu'on peut voir mais aussi à ce qu'on peut comprendre ou questionner. Au deuxième niveau, ce qui arrive dans l'expérience de l'être humain ou dans la vie quotidienne n'est pas comprise ou assimilée. L'être humain vit dans l'ignorance et ne sait pas qu'il existe dans la société des outils pouvant l'aider à répondre à ses interrogations. En somme, au deuxième niveau, il y a des choses qui sont connues dans la société par des gens, mais certains ne savent pas qu'elles doivent être connues. C'est ce que Kenneth appelle le *connu inconnu*[130]. Elles sont connues par certains mais inconnues par d'autres.

Le troisième niveau correspond à *l'inconnu inconnu.* Ici, l'être humain ignore qu'il y a quelque chose à connaître. Il est dans l'ignorance totale. Il ne sait même pas qu'il y a des questions à poser; donc, il ne peut pas en poser. Si des cas et des situations arrivent dans la vie, il

[129] Idem., pp. 50-51.
[130] Ibid., p. 51.

La collaboration avec d'autres dans la satisfaction des désirs personnels a des exigences auxquelles l'être humain doit se soumettre. Ceci nous introduit au deuxième niveau de valeurs qui structurent et donnent un sens tout autre aux notions de bon, mauvais, juste et injuste. Leur sens ne relève pas de l'expérience personnelle. Elles ne sont pas de l'ordre d'une satisfaction mais de l'organisation. Elles passent par l'intelligence. Leur compréhension amène à cultiver des habitudes éthiques qui orientent vers les vertus susceptibles de conduire au développement pour le progrès. Bref, les désirs au deuxième niveau sont collectifs et sociaux.

Si le premier niveau exige une ouverture vers une signification plus large de valeurs, le deuxième niveau consiste à reconnaître les interactions inéluctables au-delà de soi. Ici, l'être humain n'est pas que retourné sur ses intérêts personnels. Il reconnaît que ses désirs peuvent être mieux réalisés en aidant les autres à satisfaire les leurs. Il a aussi le souci des intérêts communs. Il travaille en équipe, en entreprise où les uns et les autres se complètent et s'entraident selon leurs compétences. Bref, au deuxième niveau, il y a la coopération dans toutes les sphères de la vie : les métiers, les entreprises, les disciplines, la politique, l'organisation sociale. Chacun apporte son savoir-faire dans le développement pour le progrès. Ce faisant, il fait profiter aux autres de son expérience et en retour, profite aussi de celles des autres. Au regard de ce qui précède, soulignons que sur le plan éthique, le deuxième niveau propulse le premier dans un domaine plus large, prenant en compte tous les désirs.

Pour une harmonie dans la société, par rapport aux organisations et aux groupements, le deuxième niveau met en jeu les obligations associées à des rôles et des tâches spécifiques en vue des intérêts communs. Mais il fait également intervenir des obligations formulées en des pratiques exemplaires ou des codes de déontologie. Il fait appel à des obligations qui s'imposent à toute activité sociale : la probité, l'honnêteté, la justice, l'équité, la collaboration dans la résolution des problèmes. D'une façon générale, au deuxième niveau, on rencontre des obligations qui s'imposent aux membres d'une organisation sociale ou religieuse. Il y a aussi des obligations qui concernent tous les membres de la société. Ce qui est important au deuxième niveau, c'est la présence des règles, voire des croyances, des pratiques et des prescriptions que l'être humain doit assumer de manière à orienter son existence vers la réalisation totale de sa personne. Ceci montre que la personne ne peut pas trouver sa propre réalisation ou tendre au développement pour le progrès uniquement en elle-même à partir de ses désirs, c'est-à-dire indépendamment de son être « avec » et « pour » les autres. Cette vérité lui impose non pas une simple vie en commun aux différents niveaux de la vie sociale et relationnelle, mais la recherche sans trêve du bien sous forme pratique.

Retenons que le deuxième niveau de signification éthique ne se réduit pas au simple désir. Il transcende la satisfaction des besoins instinctifs, en cherchant à régir les rapports et humaniser le monde, à promouvoir la dignité de chacun et de tous, et à poursuivre les intérêts communs. Il fournit à l'être humain des outils, par le canal de l'éducation, afin de vivre avec d'autres et parvenir au développement intégral. Par ailleurs, s'il y a des tendances égoïstes qui ne recherchent que leurs intérêts personnels du premier niveau en amassant tout pour eux à la manière des animaux, elles ignoreront les intérêts des autres. Ce qui n'est pas sans créer des conflits ou des entraves au processus du développement pour le progrès qui nécessite la poursuite d'un même objectif : le bien commun. Ce bien n'est pas à confondre avec le bien particulier de l'individu. Il est à tous et à chacun ; il est et demeure commun, car indivisible. En plus, il n'est possible de l'atteindre qu'ensemble, de l'accroître et de le conserver, et ce, en vue de l'avenir.

Nous venons de voir l'importance du deuxième niveau de valeurs ou de significations dans le processus du développement pour le progrès. Mais l'expérience montre que l'organisation groupale ou sociétale n'est pas toujours un facteur pour le progrès car, au lieu de créer des conditions favorisant les vertus et la justice, elle peut amener les gens à développer des antivaleurs telles que le tribalisme, le racisme, la corruption, l'injustice, l'exploitation abusive des ressources naturelles…

L'égoïsme est un fléau que les sociétés soucieuses des intérêts communs essaient de combattre. Nous avons vu plus haut qu'au Cameroun par exemple, il est mis sur pied une opération judiciaire appelée « opération épervier » en vue de combattre la corruption et les détournements. Les coupables sont traduits en justice et mis en prison. Mais au regard des réalités camerounaises, si on étend l'opération dite « épervier » à tous les domaines d'activités sociales, on serait confronté à la question de limite, de proportions de personnes qu'il faut garder en prison. Quand les détournements et la corruption dépassent cette limite, les représentants de la loi se montrent tolérants et indulgents. Ce qui peut avoir pour conséquence la détérioration de l'organisation sociale. Cela est plus déshonorant quand on choisit volontairement le type d'injustice qu'il faudra tolérer. Pour ne pas tomber dans des attitudes pouvant compromettre le progrès, le deuxième niveau a besoin de s'ouvrir à un niveau supérieur de valeur et de signification qui permet d'évaluer la bonté du schéma d'organisation des groupes.

Les pays qui ont connu des guerres fratricides par exemple, doivent apprendre à vivre ensemble, travailler ensemble, discuter ensemble. Mais avant d'arriver à ce stade, pour éviter l'impunité, il faut que les différents acteurs de la crise répondent de leurs actes en justice. Malheureusement, l'expérience montre que la justice est souvent à sens unique : la justice des plus forts ou de la vengeance. Il y a aussi la justice dite de complaisance pour plaire à l'opinion internationale (la justice des vainqueurs). Tant que la justice fonctionnera de cette manière, la paix, facteur indispensable au développement pour le progrès et au vivre ensemble, sera difficile. De plus, tant qu'un groupe dominant ne cesse de déployer son hégémonie qui assure le bien-être de certains, tout en opprimant ou excluant les autres, le développement pour le progrès sera compromis car nous avons vu dans l'approche définitionnelle de l'éthique que la poursuite de la « vie bonne » et la « réalisation de soi » est aussi le fruit d'institutions justes avec lesquelles l'être humain entre en interaction. Donc, pour y remédier, on doit dépasser le second niveau pour un niveau supérieur.

Le troisième niveau de valeur et de signification permet de réfléchir et de s'interroger, non seulement en termes d'efficacité sur les projets poursuivis mais il donne aussi l'occasion d'aborder les questions sur les relations interpersonnelles. Il est le stade de l'évaluation et du jugement du premier et du deuxième niveaux. C'est ici que les êtres humains déterminent la façon dont leurs configurations de collaboration doivent être organisées et vécues. Ils s'interrogent sur les relations personnelles de la vie des organisations et sur la manière dont leurs configurations sociales de coopération s'insèrent dans une dimension plus vaste de la nature et de l'histoire humaines. Ils s'interrogent sur leurs incidences, non seulement sur certaines personnes, mais sur l'ensemble de l'humanité présente et à venir. Ils s'interrogent sur l'égalité, sur la dignité humaine et les possibilités d'épanouissement de tous les humains[137].

Le troisième niveau qui est universel conduit l'être humain à inscrire sa responsabilité dans un cadre plus large, qui prend en considération l'héritage historique interprété et actualisé par des générations successives. Ce faisant, il doit éviter que ces actions l'ébranlent ou ne compromettent l'avenir des générations futures. D'où la nécessité de poursuivre et de sauvegarder les valeurs fondamentales qui donnent à l'être humain sa dignité.

Lorsque l'être humain prête attention à son devoir de préservation et d'entretien des fondations des valeurs fondamentales dont il a hérité, il prend conscience du fait que l'ouverture aux horizons de la nature et de l'histoire le force à reconnaître l'importance de la vie intérieure, axée sur la signification, d'où les notions de viabilité et de dépassement de soi tirent leur sens. La question de la viabilité concerne notre capacité de vivre ensemble sur la planète, de vivre ensemble à une époque et dans un espace particuliers. Cette capacité de vivre ensemble ne peut être façonnée et orientée que par la participation active de tous les êtres humains sans exception. Soulignons que la viabilité que nous venons de mentionner n'est possible que

---

[137]Kenneth MELCHIN, «What is 'the Good' of Business? Insights from the Work of Bernard Lonergan », *Anglican Theological Review* 87 no. 1, hiver, 2005, p. 43-62

si tous les humains ont conscience que dans leurs activités, ils doivent toujours chercher à promouvoir la dignité humaine de tous et l'humanisation du monde.

Pour une éthique du développement pour le progrès, nous pouvons dire que l'attention portée aux faits, le questionnement, la compréhension de l'action et l'engagement à travers des activités quotidiennes sont importants. Ce qui veut dire que le développement d'une société donnée et de l'être humain n'est possible qu'à travers une succession d'engagements compris, s'améliorant chaque fois et un élargissement de son horizon de connaissance et de valeurs. Dans cette perspective, nous dirons que le concept de responsabilité de l'Africain s'exprime sous la forme d'un impératif dont Jonas donne les fondements plus ou moins à la manière kantienne: « Agis de façon que les effets de ton action soient compatibles avec la permanence d'une vie authentiquement humaine sur terre » ; « Agis de façon que les effets de ton action ne soient pas destructeurs pour la possibilité future d'une telle vie »[138]. Dans le même sens, disons que l'acteur pour le progrès est celui qui est capable d'entretenir une conception de sorte qu'on puisse dire que la vie mérite d'être vécue. Pour y parvenir, l'être humain doit apprendre à distinguer nettement le progrès et le déclin, les vertus et les vices, apprendre à encourager le progrès sans favoriser le déclin, apprendre à enlever la tumeur de la fuite de la compréhension sans détruire les organes de l'intelligence. Bref, l'être humain doit œuvrer pour éliminer les obstacles au développement, en articulant les trois niveaux de biens développés ci-dessus. Il doit aussi neutraliser les forces qui s'opposent au déploiement du dynamisme du bien.

---

[138]Bernard SEVE, *Hans Jonas et l'éthique de la responsabilité,* pp. 30-33.

6.6- Le dépassement de soi pour le progrès

Telle que développée ci-dessus, nous pouvons affirmer que l'éthique de Lonergan met l'accent sur la connaissance de soi. L'être humain est invité à réfléchir sur les actes de signification qui le lient aux autres dans les activités de la vie. Cette éthique appelle au dépassement de soi pour élargir ses horizons de connaissance. Cet acte est un chemin qui conduit à la maturité[139]. A chaque étape, sur le parcours de la vie adulte, la croissance nous incite à réorienter nos habitudes de vie en fonction des exigences d'horizons de plus en plus vastes de signification éthique. Pour y parvenir, nous devons cultiver de bonnes manières qui disposent à la justice, la vérité, le bien, le bon. Selon Lonergan, de telles dispositions ne s'acquièrent pas en un jour. Ce sont des résultats de la connaissance morale et des actes cumulatifs et progressifs, allant d'engagement en engagement. Dans ce fonctionnement, la culture et l'éducation créent des conditions permettant à l'individu de développer des attitudes positives. Prenons le cas de la vie relationnelle. Les cultures apprennent à leurs membres qu'il ne faut pas faire du tort à autrui. Pour y parvenir, il faut le dévouement, le courage, le sacrifice… pour ne pas tomber dans la médiocrité. L'être humain est appelé à faire attention chaque jour à ses actes. Ce faisant, il peut établir une différence entre un préjudice causé accidentellement ou volontairement.

Dans l'approche de Lonergan, l'attention seule ne suffit pas pour parler de l'agir moral. Il faut aussi la connaissance du contenu de l'action car l'agir moral se fait généralement dans le domaine connu de l'être humain.

[139] MELCHIN, «What is 'the Good' of Business? Insights from the Work of Bernard Lonergan », pp.43-62.

C'est dans ce cadre qu'il est possible d'affirmer que les compétences et les vertus cumulées façonnent la qualité morale de la personne. Melchin soutient que « si notre connaissance et notre agir sont largement fonction de nos dispositions personnelles, ils peuvent aussi transformer notre caractère personnel »[140].

Pour expliciter le développement ci-dessus, prenons l'exemple de la formation technique. L'employé qui est passé par ce stade a des habiletés pour intervenir avec aisance et perfection dans son domaine de compétence. Mais comme le monde évolue y compris la technique et la technologie, si l'être humain les aborde, voire utilise de nouvelles techniques, il passe par une courbe d'apprentissages allant de maladresses initiales à la parfaite maîtrise. C'est ce phénomène que Lonergan appelle le développement pour le progrès. Ici, la maîtrise ou la compétence dans un domaine consiste en l'atteinte des habiletés et des vertus pertinentes, mais à tout moment, tout ce qui a trait aux habiletés et aux vertus peut être mis à profit pour l'accomplissement de nouvelles tâches ou la création des fondements d'un nouveau domaine[141]. Autrement dit, l'agir moral avec tout ce qu'elle comporte comme obligation fondamentale, constitue l'être humain comme sujet moral. Pour un développement pour le progrès, l'être humain doit assumer la responsabilité de ses aptitudes, de ses vertus et élargir ses horizons.

Reprenant le contenu ci-dessus dans un autre contexte, notamment celui des travailleurs, nous dirons que le plus important pour l'être humain ne se trouve pas dans les questions du type, comment s'assurer de plaire aux patrons, à l'employeur, voire aux clients ? Cela n'aide pas

---

[140]MELCHIN, *op. cit.*, p. 109.

[141] Idem., p. 110.

à évoluer dans la perspective de l'amélioration du comment ce que l'être humain fait le change et le transforme de manière à devenir apte, habile et créatif.

Comme nous l'avons évoqué plus haut, en se situant toujours dans la dynamique du changement et de la transformation, l'être humain peut avoir comme résultat l'habileté dans la réalisation de son métier, le souci que les activités aillent dans le sens du développement pour le progrès. Ce faisant, il grandit dans son être et change son horizon en introduisant de nouveaux sens dans la vie. Nous pouvons établir des liens entre cette approche et les avantages de l'éthique chez Ricœur, notamment quand il souligne que « l'éthique permet d'introduire des changements dans ce qui existe ». Par le fruit du travail qui découle de l'intentionnalité, l'être humain peut construire et renforcer son identité. Les actes cumulatifs et répétitifs qu'il pose lui permettent de cultiver ses habilités, son sens de soi, ses espoirs et ses angoisses, son sens de réussite ou d'échec, sa vision des choses pour lesquelles il vaut la peine de vivre et de mourir. De ce qui précède, nous pouvons retenir que l'important ne consiste pas seulement de changer ce que nous faisons chaque jour, mais de reconnaître l'impact de nos activités dans la vie présente et dans nos jugements futurs.

Il ressort de ce travail que l'agir moral déploie une double dynamique. La première est que le dépassement de soi permet à l'être humain d'être averti pour répondre de façon adéquate aux problèmes qui se présentent au monde aujourd'hui. La deuxième, la plus profonde, concerne le façonnement du caractère moral. Elle est profonde en ce sens que l'agir présent constitue le fondement des délibérations futures. Les inclinations morales portent l'être humain à se concentrer sur la portée des décisions présentes dans un contexte immédiat. Mais cela a aussi des répercussions dans le futur, par conséquent, sur la capacité fondamentale de décision dans le futur.

L'idée de développement est fondée sur la structure du dépassement de soi. Pour Lonergan, cela est précédé par la conversion[142]. C'est cette dynamique qui permet à l'être humain de poser une base qui peut être élargie, approfondie, élevée et enrichie de manière à être avertie pour aborder de nouvelles éventualités qui se présentent dans la vie. Dans la logique de la théorie de Lonergan, le dépassement de soi conduit au progrès, le refus de ce dépassement transforme le progrès en déclin cumulatif. A ce propos, soulignons que le déclin a comme conséquences la compromission et la déformation du progrès, la corruption et le gauchissement de l'esprit de ceux qui s'adonnent aux attitudes égoïstes. Généralement, ce type de personnes n'est pas gêné de choisir des solutions erronées et de soutenir qu'elles sont rationnelles et bonnes. L'être humain, voire la société qui choisit cette voie, court le risque de s'autodétruire. Il creuse sa propre fosse dans cette logique implacable.

---

[142] Il faut comprendre la conversion comme le point de départ du dépassement de soi. C'est la marche progressive vers la perfection morale. C'est aussi le passage d'un horizon à l'autre. Cela enrichit la compréhension, guide les jugements et renforce les décisions de l'être humain. Dans le mode de fonctionnement, le nouvel horizon, quoique plus que l'ancien, reste en continuité avec ce dernier, et s'avèrera un développement à partir des potentialités de l'ancien. Mais Lonergan souligne aussi qu'il arrive également que le passage d'un horizon surgit de l'ancien mais laissant tomber certaines de ses caractéristiques qui semblent ne plus répondre à ce que l'être humain vit. Ici commence la conversion profonde qui conduit à changer des critères de décisions et de choix personnel. La conversion ou le développement permet à l'être humain d'être toujours averti pour faire face aux nouvelles éventualités qui se présentent à lui.

Dans la structure des opérations de connaissance, nous avons vu que la responsabilité morale fait suite à une gamme d'opérations à quatre niveaux. Chaque niveau inférieur sert de fondement au niveau supérieur. Ces opérations se résument par les termes suivants : attentif, intelligent, raisonnable et responsable. Les prémices théoriques doivent se conformer aux faits ; or, les faits produits dans une situation de déclin consistent de plus en plus en des absurdités qui procèdent de l'inattention, de l'absence de saisie, de l'irrationalité et de l'irresponsabilité[143].

Le fondement de l'éthique pour le progrès s'inscrit dans la structure du dépassement de soi qui entre en fonction dans les structures des opérations de connaissance, d'horizon de connaissance avec l'intérêt de la question, et structure d'engagement dans la société. L'enjeu éthique n'est pas seulement la structure de la relation de conscience et la façon dont la structure fournit des outils pour comprendre le contenu des enjeux. C'est aussi l'analyse des dynamiques du développement qui donne des principes fondamentaux. L'être humain prend des responsabilités pour son propre développement moral, en posant des actes qui favorisent la croissance de soi. De plus, la responsabilité morale exige la participation de tous au renforcement et au développement des configurations vertueuses de l'identité sociale, d'où la nécessité de l'idée de la solidarité. Chacun apporte sa part au développement moral des autres. Le fait d'assumer sa responsabilité et de participer à la constitution de l'identité de tous constitue le fondement de la morale du développement pour le progrès. Nous retrouvons ici deux des aspects que nous avons traité dans les différents rapports que l'être humain doit entretenir : rapport à soi, et rapport aux autres. Pour

---

[143]LONERGAN, *op. cit.*, p. 72.

que le second rapport fonctionne, il faut que tous les membres de la société cultivent des habitudes et des vertus, permettant de mener une existence qui soit à la hauteur des exigences sociales.

Il faut ajouter au paragraphe précédent, un troisième niveau ou rapport. Dans la section relative aux valeurs ou à la signification, nous avons dit que ce niveau permettait d'évaluer les pratiques humaines. Au regard de ces trois niveaux de signification, chacun permet de trouver des solutions à des problèmes et à des contradictions qui semblaient impossibles à résoudre au niveau inférieur. C'est la relation hiérarchique de ces trois niveaux qui fournit l'orientation normative en termes de vertu et de développement. La vertu (par opposition au vice) et le développement (par opposition au déclin) renvoient à la direction que va prendre l'histoire. Selon Melchin, le troisième niveau veut que l'être humain favorise le développement, en le déployant aux trois niveaux de la signification morale, qu'il élimine les obstacles à ce développement et neutralise les forces qui s'opposent au déploiement de son dynamisme[144].

Il ressort que le développement consiste à passer d'un niveau inférieur à un niveau supérieur : le passage de l'intérêt personnel à l'organisation sociale puis à l'épanouissement historique. C'est ce que Lonergan appelle d'ailleurs « le dépassement de soi ». A ce propos, l'être humain a l'obligation fondamentale de croître et de continuer de croître tout au long de sa vie adulte. Mais au lieu de tendre vers le développement pour le progrès, l'agir humain peut s'orienter vers une voie totalement opposée : le déclin. Plusieurs facteurs peuvent en expliquer l'origine. C'est le cas de l'égoïsme individuel ou

[144]MELCHIN, *op. cit.*, p. 125.

collectif[145], du manque de considération envers les autres, de loyauté exclusive à son propre groupe et d'hostilité face à d'autres groupes. Si les actes qui découlent de l'attention, de l'intelligence et de la rationalité conduisent à l'engagement et à la responsabilité dans l'histoire, soulignons que le déclin compromet et déforme le progrès. Il découle de l'agir vicieux. Les habitudes vicieuses peuvent donc marquer de leur sceau des domaines de plus en plus importants de la vie humaine, sans qu'intervienne quelque intention délibérée. Bref, elles rendent gauche l'agir humain. Ce faisant, elle jette un discrédit sur l'agir éthique. C'est le cas par exemple de la corruption et du mensonge qui sont des phénomènes récurrents dans nos sociétés africaines[146]. Et une civilisation qui décline creuse sa propre fosse avec une logique implacable et s'autodétruit. Aucun raisonnement ne peut la faire sortir de ses voies d'autodestruction car des arguments doivent correspondre avec des faits. Or, les faits dans les situations produites par la corruption et le déclin proviennent de l'irrationalité et de l'irresponsabilité[147].

En somme, nous pouvons dire que dans le processus du développement pour le progrès, la théorie de Lonergan est pertinente car elle renvoie l'être humain dans sa structure de connaissance et le rapport de celle-ci à la

[145] L'égoïsme social est un phénomène qui privilégie certains et exclut d'autres. Les groupes qui le pratiquent se développent de façon unilatérale. C'est ce qui fait dire à Lonergan que l'égoïsme, « non seulement divise le corps social en possédants et en démunis, mais il fait aussi des premiers les représentants de la fine fleur d'une époque, pour abandonner les derniers comme d'apparents survivants d'une ère révolue ». LONERGAN, *Pour une méthode en théologie*, p. 71.

[146] Les pratiques de corruption se sont tellement répandues, devenant même des normes institutionnelles de comportement dans plusieurs pays africains, que l'on peut parler à juste titre de crise de moralité dans les services publics.

[147] LONERGAN, *op. cit.*, p. 72.

responsabilité. Les vices, notamment l'égoïsme, empêchent le questionnement intellectuel du premier niveau: Qu'est-ce que c'est ? Pourquoi je fais cela? Et la capacité de poser des questions au troisième niveau, des questions critiques : Est-ce que c'est vrai ?, bon pour moi et pour les autres ? Il y a chez les personnes égoïstes une déviation individuelle qui opère dans l'inconscient, les rendant insensibles à l'impact de leurs actes sur les autres et sur les intérêts communs.

Devant l'explosion du moi – narcissisme, individualisme, Lonergan conduisait à la découverte du « sujet » dans sa subjectivité et sa capacité d'objectivité. Il apprend à l'être humain à remplacer l'évocation de la raison par la découverte en soi de sa conscience propre en état d'exercice, donc dans sa dynamique. L'incapacité morale, les déviations et les vices s'enracinent dans la structure même de la connaissance et de l'agir moraux. Pour comprendre leur fonctionnement, il n'est pas nécessaire de saisir quoi que ce soit d'autre que cette structure interne.

L'appropriation du dynamisme du dépassement de soi devient un lieu de la rencontre de Dieu. C'est ce que Lonergan appelle la « conversion religieuse »[148]. Celle-ci se révèle comme l'acceptation inévitable d'un appel à la sainteté et une passivité croissante dans la prière. On l'interprète différemment selon les traditions religieuses. Pour les chrétiens, c'est une rencontre d'amour qui appelle à porter sa croix, à assumer sa responsabilité. Un amour qui tire son origine en Dieu et retourne vers Dieu. A ce stade, la réalité de la grâce divine entre dans l'expérience de l'être humain et le rend ouvert à l'humanité. L'amour de Dieu le transforme, d'une situation dans laquelle il est

[148]Idem., p. 275.

coupé du bien à une situation d'ouverture à d'autres horizons. La relation à Dieu, invitant à un amour sans limite, sans restriction, sans condition et sans réserve[149], corrige les déformations dues à l'incapacité morale et restaure l'attachement à la connaissance et à l'agir moraux, estompés par les limites des horizons, le développement des vices et la banalisation du mal.

L'amour actualise la capacité qu'ont les êtres humains à se dépasser eux-mêmes. Comment le comprendre ? L'expérience montre que dans la vie courante, ceux-ci opèrent des choix parmi les différentes possibilités qui s'offrent à eux. Ce faisant, ils ne cherchent que ceux qui valent la peine s'ils sont poussés vers l'action par leurs dispositions affectives, par les valeurs qu'ils perçoivent. Mais il y a plus. Nous avons vu que cette recherche de la valeur pouvait être contrée par le mouvement des désirs égoïstes qui dévie la délibération de sa visée originelle. Or, l'amour qui envahit une vie donne cette force et cette orientation capables de mettre en échec les désirs égoïstes; il désire ce qui est vraiment bien pour l'objet vers lequel il se porte, et par là, communique au dépassement de soi sa force et son impulsion. C'est ainsi que l'être humain ne se dépasse qu'en aimant. Ceci est possible du fait que l'amour peut être premier et que, pour aimer vraiment, il a besoin de connaître le vrai bien conforme aux intérêts communs.

Il ressort que l'amour que donne Dieu est assez puissant pour nous amener vers les valeurs et pour contrer l'égoïsme personnel et collectif, ainsi que tout ce qui s'oppose à la recherche de la valeur et à l'action vraiment bonne. Aussi, cet amour constitue-t-il une nouvelle base pour atteindre l'objet de la conversion morale: il rend

---

[149]Ibid., p. 128.

efficace l'intentionnalité consciente[150]. Une intentionnalité consciente est capable de délibérer et d'émettre des jugements de valeur, de décider et d'agir de façon responsable à partir de l'intériorité de la personne.

En éthique, l'orientation vers les valeurs nobles découle du dépassement. A ce propos, Lonergan détermine celui-ci comme étant « la possibilité de la bienveillance et de la bienfaisance, de la collaboration honnête et de l'amour vrai; c'est la possibilité d'échapper complètement aux limites qui enferment l'animal dans son habitat, pour devenir une personne dans une société humaine »[151]. Notons que ce dépassement de soi, tout comme l'amour, s'exerce au sein d'une communauté humaine, de telle sorte que « les individus n'agissent pas uniquement pour répondre à leurs besoins, mais ils coopèrent pour répondre à leurs besoins respectifs »[152]. Enfin, le dépassement de soi moral est une orientation vers la valeur et tout ce qui est vraiment bien et implique donc l'exclusion des orientations contraires, de tout ce qui l'empêche d'atteindre son objet:

« De même que l'orientation constitue, pour ainsi dire, la direction du développement, ainsi la conversion est un changement de direction, un changement pour le mieux. On se libère alors de ce qui est inauthentique pour grandir en authenticité. On renonce aux satisfactions nuisibles, dangereuses et trompeuses. Les craintes d'inconfort, de douleur, de privation ont moins d'emprise sur quelqu'un et risquent moins de le détourner de sa voie. On perçoit des valeurs qu'on n'entrevoyait pas auparavant. On change ses échelles de préférence. Les erreurs, les rationalisations et

[150]Ibid., p. 129.
[151]Ibid., p. 104.
[152]Ibid., p. 52.

les idéologies tombent et se détruisent, permettant ainsi au sujet de s'ouvrir aux choses telles qu'elles sont et à l'homme tel qu'il devrait être »[153].

Dans la reprise de la théorie philosophique et théologique de Lonergan, nous soulignons que la conversion et le dépassement de soi occupent une place importante. C'est à travers eux que la foi et le progrès prennent leur source. Nous avons relevé plus haut que le dépassement de soi ouvre à la relation à Dieu. Dans cet acte, la foi s'avère nécessaire. Promouvoir la foi, notamment une foi réfléchie et articulée avec la rationalité, c'est promouvoir implicitement le développement pour le progrès car la foi renforce la confiance dans la relation à Dieu et dans ce que l'on entreprend comme projet. De plus, la foi permet d'habiliter la raison à affronter des obstacles qui risquent de rendre l'être humain moralement impuissant[154].

Pour terminer ce chapitre, nous pouvons nous demander l'importance de l'approche de Lonergan pour l'éthique du développement pour le progrès.

6.7- L'importance de l'approche de Lonergan

D'emblée, disons que pour agir de façon éthique, l'être humain doit acquérir des habiletés de manière à devenir compétent, à transcender ce qui était au-delà de ses horizons de connaissance et de morale. Mais si nous nous limitons uniquement à ce niveau, notre approche éthique pour le progrès sera incomplète. Il faudra y ajouter la pratique des vertus et une vie de sainteté car tout ce qui relève de la foi religieuse appelle l'être humain à un amour

---

[153]Ibid., p. 52.
[154]MELCHIN, *L'art de vivre ensemble*, p. 139.

sans condition et le libère de ses prisons idéologiques, des abus et des absurdités qui engendrent les sentiments de haine, de violence, de paresse et d'exploitation de l'autre.

Dans notre travail, nous avons analysé les thèmes de: l'éthique, la morale, la relation à d'autres et la relation à soi. Loin d'opposer éthique et morale ; relation à soi et relation à d'autres, notre approche recommande qu'il faut garder une tension équilibrée entre tous ces éléments dans le but d'avoir une vision juste, bonne et vraie du progrès. L'approche de Lonergan va aussi dans le même sens. Elle permet à l'être humain de respecter ce qui a trait à la tradition et de la poursuivre devant des problèmes différents. Au lieu de la rupture et de la poursuite de chimères, l'être humain a à vivre un déplacement radical : passer de la culture classique à la culture historique, au sens que Lonergan donne à ce terme.

Devant l'explosion du moi – narcissisme, individualisme, égoïsme – Lonergan conduit à la découverte du « sujet » dans sa subjectivité et sa capacité d'objectivité. Cela permet à tout être humain de prendre conscience de ses déformations et de ce qui l'empêche d'agir de façon éthique, voire responsable. Au lieu de simplement apprendre les prescriptions de la tradition et de s'y conformer, l'être humain est appelé aussi à observer, questionner, comprendre, vérifier et mettre en pratique tous les éléments constituant – les opérations de connaissance. Entre ces niveaux progressifs de la dynamique consciente humaine, un « opérateur » – le questionnement – stimule la progression.

Cette appréhension de la dynamique de connaissance de l'être humain permet de comprendre, de répondre à la question du pourquoi de l'action, de concilier le faire au fait. Ce faisant, l'être humain peut questionner ses pratiques ou celles de sa tradition pour mettre de côté tout ce qui constitue une entrave à l'épanouissement de soi et au développement pour le progrès. C'est ce processus que Lonergan appelle la conversion car les bases de réflexion et de jugement de la personne sont élargies. Ainsi, elle est apte et avertie à faire face aux nouveaux défis qui se présentent dans la vie. Sur ce plan, l'éthique du développement pour le progrès a intérêt à accorder une importance aux fonctions proches de la conversion que sont la dialectique, l'ouverture à d'autres horizons de connaissance et le dépassement de soi.

En somme, ce qui est intéressant dans l'approche de Lonergan c'est le fait que l'être humain soit appelé à mettre en jeu sa structure de connaissance telle que décrite dans les quatre niveaux. Ce faisant, il pourra vivre de façon authentique. Ainsi, chacun est appelé à vivre selon les préceptes : sois attentif, sois intelligent, sois rationnel, sois responsable. Le comble pour le processus du développement pour le progrès serait de vivre ce qui s'y oppose, c'est-à-dire l'inattention, la stupidité, l'irrationalité et l'irresponsabilité.

Conclusion partielle

L'approche théorique de Lonergan rejoint toutes les personnes qui placent l'être humain au centre du développement. Pour cet auteur, l'agir pour le progrès tient au processus de la découverte de soi. Pour agir de façon éthique, l'être humain doit se comprendre soi-même, c'est-à-dire comprendre les valeurs portées par ses sentiments, les convictions gauchies et les craintes suscitées par des expériences passées, les configurations de comportement qui favorisent ou minent le progrès. La plupart d'entre nous n'a qu'une compréhension superficielle de nous-mêmes. Par conséquent, nous nous situons en général face à l'éthique en faisant appel à une fausse image de la signification dans notre vie. La philosophie de Lonergan peut nous aider à accomplir la démarche de découverte de soi qui est essentielle à la mise en œuvre d'une éthique pour le progrès. Il s'agit d'abord et avant tout d'une méthode de compréhension de soi-même, permettant de mettre en lumière et d'évaluer le moi. Un moi appelé à se dépasser pour tendre vers le perfectionnement.

Le dépassement moral se vit, quand l'être humain va au-delà de ses désirs et des valeurs perçus, c'est-à-dire de ce qui est vu, entendu, touché, goûté, senti et ressenti, mais qui intègre l'expérience interne et externe d'une communauté et les jugements continuellement vérifiés de la communauté[155]. Le dépassement se récapitule dans l'amour, car l'amour conduit l'être humain à transcender ses tendances égoïstes pour rechercher le vrai bien, voire l'intérêt commun (la justice contributive). Cela constitue le fondement efficace du développement pour le progrès et du dépassement de soi, « que ce soit dans la poursuite de

[155]LONERGAN, *op. cit.*, p. 272.

la vérité, dans la réalisation des valeurs humaines, ou dans l'orientation que l'homme adopte par rapport à l'univers, à son fondement et à son but »[156].

[156] Idem., p. 276.

Conclusion Générale

Nous avons vu dans la définition des concepts qu'on parle du développement technique et du développement politique. Le premier met l'accent sur la production, l'efficacité et peut paraître comme un phénomène imposé de l'extérieur. Le second va au-delà du bien-être matériel, il tient de l'être humain et de ses besoins. Ici, les acteurs sont impliqués dans le processus du développement y compris ce qu'ils tiennent pour valeurs, traditions et croyances. En posant des actes en interactions avec ses pairs, l'être humain fait sens dans sa démarche pour le progrès, celle qui leur est commune et celle qui lui est propre. Le développement pour le progrès n'apparaît plus comme fait de pièces détachées qu'on livre selon les besoins de la route. Mais comme ce qui unifie les existences humaines et relie les engagements des uns aux autres. Ceci montre que la vie ne se réduit pas au bien-être matériel. Elle comprend aussi des valeurs telles que la justice sociale, l'estime de soi et la qualité du lien social. Comme tel, nous avons souligné que le développement ne peut se réaliser sans la participation des personnes. Les traditions africaines expriment cette idée en soulignant que personne ne doit mourir de faim. Pour ce faire, chacun doit travailler pour le bien-être de tous. Bref, c'est un appel à assumer sa responsabilité ontologique par le travail. Le travail est nécessaire pour que l'être humain vive. C'est la raison pour laquelle l'Afrique traditionnelle réprouve la paresse. Celle-ci considérée comme l'ennemi, mère de vice, engendre vol et rapine, malhonnêteté et violence, désordre dans la vie. Un proverbe burkinabè relève que « manger sans avoir cultivé, c'est mourir sans avoir été malade ».

Dans l'approche théologique, il a été relevé que la dignité humaine est au centre du développement pour le progrès. Cette prérogative lui vient de ce que l'être humain est avant tout image de Dieu, ce qui justifie la fin même du développement. C'est ce qui fait dire à Paul VI que « le développement ne se réduit pas à la simple croissance économique. Pour être authentique, il doit être intégral, c'est-à-dire promouvoir tout homme et tout l'homme ». Le progrès technique permet à l'être humain d'améliorer sa vie en se libérant de certaines contraintes. Mais quand il est dominé, il peut être dangereux pour ce dernier. Le progrès politique, voire moral, quant à lui, peut permette à l'homme de se connaître, de comprendre ses motivations réelles et la manière de se réaliser.

Nous avons également vu que la poursuite du développement n'est possible que si l'être humain assume sa responsabilité à trois niveaux de relation : avec le cosmos, avec les autres et avec soi-même. Notre réflexion a révélé que l'être humain, acteur de son agir, doit avoir confiance en lui-même et mener une existence digne et épanouie, allant dans le sens des intérêts communs.

La réflexion menée dans ce livre laisse percevoir que l'agir du développement pour le progrès de l'être humain et de la société passe par l'agir responsable qui est le résultat d'un processus d'opérations reliées entre elles. Autrement dit, nous avons tenté de montrer comment l'être humain passe des faits, de l'expérience à partir des données venant des sens à l'agir responsable, c'est-à-dire le faire. La compréhension des faits occupe une place importante. En son temps, Jean Piaget disait : comprendre pour faire, faire pour comprendre; cette idée résonne comme un hymne aux origines des connaissances et des stratégies entraînant sur le chemin de la responsabilité et de l'action. Cela permet à l'être humain de concilier le faire avec le fait et ce qu'il pense approprié, voire bien. En soi, fait/ compréhension et agir engagent l'être humain vers le progrès de soi et de la société. Ce processus est autonome dès lors qu'il n'est pas empêché par des contraintes. En d'autres termes, c'est grâce à la compréhension que l'être humain arrive à trouver des moyens adéquats pour agir. Ce qui nous fait affirmer que l'action pour le progrès prend sa source dans la personne, notamment dans sa façon de comprendre sa structure de connaissance. Cette idée rejoint celle de Mveng développée dans l'introduction, soutenant que la responsabilité de l'être humain commence par « l'accueil de soi par soi-même ». Ceci exige un engagement soutenu dans le travail.

A plusieurs reprises, nous avons souligné que l'agir responsable est le résultat d'une diversité d'opérations reliées entre elles. Mais pour tendre vers le progrès, il était important de faire un travail interne qui demande la connaissance des limites imposées par ses propres horizons intellectuels et moraux et de s'ouvrir à d'autres horizons dans le but d'élargir les siens. Le rapport dialectique avec d'autres cultures qui ont des expériences différentes s'avère nécessaire ici. Parler de la dialectique ne consiste pas nécessairement à faire ressortir des positions contraires entre sa culture et d'autres cultures, mais aussi en une opposition interne où l'Africain découvre lui-même les limites imposées par ses horizons de connaissance et de valeur qui rendent son groupe et lui inauthentiques. Un tel horizon fonde la vie communautaire, car il permet aux êtres humains qui partagent une même expérience d'avoir une orientation de vie et d'engagements semblables ou complémentaires.

Inversement, sans un même horizon, la vie communautaire sera invraisemblablement impossible.

L'ouverture aux horizons de connaissance est aussi appelée le dépassement de soi. Tout débute par la conversion. La conversion morale, tout comme la conversion dans la structure des opérations de connaissance, entraîne un changement de vie, un être nouveau : l'ignorance recule et l'être humain devient plus compétent dans son agir, voire acquiert des outils lui permettant d'interroger et de critiquer ses pratiques culturelles. Bref, la conversion dont il est question chez Lonergan permet d'abord de démasquer et de corriger les déviations de l'être humain aux plans individuel, collectif et général, car ces déviations sont diverses formes de désirs égoïstes qui empêchent radicalement la recherche de ce qui est vraiment bien. Ensuite, la conversion invite l'être humain à continuer à développer sa connaissance de la réalité et son potentiel tels qu'ils existent dans la situation présente; autrement dit, malgré ses bonnes intentions, un individu posera une action qui fera plus de tort que de bien. Enfin, elle conduit à scruter sans répit ses réponses intentionnelles aux valeurs et leurs échelles implicites de préférence.

Le dépassement de soi au niveau moral est la possibilité de la bienveillance et de la bienfaisance, de la collaboration honnête et de l'amour vrai. Il s'exerce au sein d'une communauté humaine, de telle sorte que les individus n'agissent pas uniquement pour répondre à leurs besoins, mais ils coopèrent afin de répondre à leurs besoins respectifs. Le dépassement de soi conduit l'être humain à prendre des responsabilités pour son propre développement moral, pour participer au développement moral des autres. On peut encore dire que le dépassement de soi moral est une orientation vers la valeur et tout ce qui est vraiment bien, et implique donc l'exclusion des orientations contraires, de tout ce qui l'empêche d'atteindre son objet.

Certes, nous avons parlé de la conversion et du dépassement de soi comme facteurs importants pour le progrès; reconnaissons tout de même que ces facteurs demeurent fragiles. Sans une théorie cognitive adéquate et sans repères fournis par la culture et la communauté humaine universelle, l'être humain risque de buter contre les déviations du sens commun qui minent nos sociétés africaines. Autrement dit, l'agir pour le développement et le progrès passe aussi par la connaissance de sa culture et de la culture universelle, notamment par des valeurs humainement partagées par tous, et les différentes interprétations successives de l'histoire qui se sont succédé, sans oublier la connaissance des événements historiques qui ont influencé le progrès ou le déclin.

BIBLIOGRAPHIE

ARENDT, Hannah, *La condition de l'homme moderne*, trad. G. Fradier, Paris, Calmann-Lévy, coll. Agora 1958, 368 p.

ARISTOTE, *Ethique à Nicomaque,* Trad. Jean Tricot, Librairie philosophique J. Vrin, 1983, 539 p.

BACON, Francis, *La Nouvelle Atlantide*, Paris, Hachette, 1707, 253 p.

BRUYAS, Jean, *Les sociétés traditionnelles de l'Afrique noire*, Harmattan, 2001, p. 255 p.

CLENET, Jean, *L'ingénierie des formations en alternance. « Pour comprendre, c'est-à-dire pour faire »*, Paris, Harmattan, 2002, 304 p.

COLIN, Denis, *Questions de morale*, Armand Colin 2003, p. 234-235.

COMELIAU, Christian, *La croissance ou le progrès ? Croissance, décroissance, développement durable*, Collection « Économie humaine », Le Seuil, 2006, 312 p.

DIAWARA, Fodé, *Le manifeste de l'homme primitif*, Paris : Grasset, 1972, 228 p.

DUMONT, Louis *Homo hierarchicus - Le système des castes et ses implications*, Paris, Gallimard, 1966, 445 p.

ELUNGU, Pene Elungu, *Traditions africaines et rationalité moderne*, Paris, L'Harmattan, 1987, 187 p.

EVEN-GRANBOULAIN, Geneviève, *Éthique et économie*, Harmattan, coll. Ouverture Philosophique, 1998, 348 p.

FAKOLI, Doumbi, *L'origine négro-africaine des religions dites révélées*, Paris, Édition Menaibuc, 2004, 162 p.

GEFFRE, Claude, *Croire et interpréter : le tournant herméneutique de la théologie*, Paris, Cerf, 2001, 173 p.

-------, *Le christianisme au risque de l'interprétation*, Paris, Cerf, 1983, 361 p.

HABERMAS, Jürgen, *De l'éthique de la discussion,* Paris, Flammarion, 1992, 202 p.

HANS, Jonas, *Le principe responsabilité,* Paris, Éditions du Cerf, 1990, 336 p.

-------, *Pour une éthique du futur*, Éditions Payot et Rivages, Paris, 1998, 144 p.

HANS KUNG, K.J. Kushel, « Les principes d'une éthique planétaire », Dans Hans. Kung et K.J. Kushel. *Manifeste pour une éthique planétaire*, Paris, Édition du Cerf, 1995, p. 11-38 (recueil).

HUME, David, *Enquête sur les principes de la morale*, Paris, Aubier, 1947, 256 p.

GRISEZ, Germain, *The Way of the Lord Jesus,* Vol. 1, *Christian Moral Principles*, Chicago: Franciscan Herald Press, 1983, 971 p.

GRISEZ, Germain and SHAW, Russell, *Beyond the New Morality: The Responsibilities of Freedom*, London: University of Notre Dame Press, 1974, p. 209-215.

JACQUARD, Albert, *Au péril de la science*, Paris, Seuil, Coll. « Points/Sciences », 1984, 215 p.

KA MANA, *La nouvelle évangélisation en Afrique*, Paris, Karthala, 2000, 217 p.

-------, *Chrétiens et Eglises d'Afrique : penser l'avenir*, Yaoundé-Lomé, Clé-Haho, 1999, 136 p.

-------, *Théologie africaine pour temps de crise. Christianisme et reconstruction de l'Afrique*, Paris, Editions Karthala, 1993, 217 p.

-------, *Foi chrétienne, crise africaine et reconstruction de l'Afrique, sens et enjeux des théologies africaines contemporaines*, Nairobi, CETA, 1992, 220 p.

-------, *L'Afrique va-t-elle mourir? Bousculer l'imaginaire africain. Essai d'éthique politique,* Paris, Karthala, 1991, 218 p.

KABOU, Axelle, *Et si l'Afrique refusait le développement* ?, Yaoundé, Harmattan, 1991, 207 p.

KAGAME, Alexis, *La Philosophie Bantu-Rwandaise de l'Etre*, New York : Johnson Reprint Corporation, 1966, 448 p.

--------, *La Philosophie bantu comparée*, Paris, Présence Africaine/Unesco, 1976, p. 89-116.

-------, *Aperception empirique du temps et conception de l'histoire dans la pensée bantu,* dans l'ouvrage collectif introduit par Paul Ricœur : *Les Cultures et le temps*, Paris, Payot/Unesco, 1975, p. 103-133.

KANT, Emmanuel, *Idée d'une histoire universelle au point de vue cosmopolitique,* Paris, Bordas, 1988, 191 p.

-------, *Fondements de la métaphysique des Mœurs,* Paris, Librairie générale française, 1993, 252 p.

KI-ZERBO, Joseph, *A quand l'Afrique ?*, Paris, Karthala, 2005, 197 p.

-------, (dir.), *La natte des autres. Pour un développement endogène en Afrique*, Dakar, CODESRIA ; Paris, Karthala, 1993, 494 p.

KUYU, MWISSA, Camille, *Parenté et Famille dans les Cultures Africaines*, Paris, Editions Karthala, 2005, 173 p.

LEVINAS, Emmanuel, *Éthique et infini*, Fayard, 1982, 140 p.

LONERGAN, Bernard, *Les voies d'une théologie méthodique. Ecrits théologiques choisis*, traduits sous la direction de Pierrot Lambert et Louis Roy, Tournai, Desclée& Cie et Montréal, Bellarmin, 1982, 240 p.

-------, *Pour une méthode philosophique. Ecrits philosophiques choisis,* Montréal, Bellarmin, 1991, 246 p.

-------, *L'Insight. Etude de la compréhension humaine*, traduit par Pierrot Lambert, Montréal, Bellarmin, 1996.

-------, *La compréhension et l'être*, traduit par Jacques Beauchesne, Montréal, Bellarmin, 2000, 422 p.

MANWELO, Paulin, « Chasser le culturel, il revient au galop ! », dans *Culture Africaines, démocratie et développement durable,* Actes des VIIIe journées philosophiques de la faculté de saint Pierre de Canisius/Kimweza, Edition Loyola, Canisius, 2005.

MBOUA, Emmanuel, *Principe éthique du vivre ensemble,* Côte d'Ivoire, Harmattan, 2012, 143 p.

-------, *Fondement des valeurs éthiques africaines. L'idée des biens fondamentaux chez Finnis,* Côte d'Ivoire, Harmattan, 2012, 268 p.

MORIN, Edgar, *La méthode.5. L'humanité de l'humanité. L'identité humaine*, Paris, Éditions du Seuil, 2001.

--------, *La méthode. 6. Ethique*, Paris, Éditions du Seuil, 2004, 204 p.

--------, *Le paradigme perdu*, Paris, Éditions du Seuil, 1973, 246 p.

MVENG, Engelbert, *L'Afrique dans l'Eglise, Parole d'un croyant,* Paris, L'Harmattan, 1985, 228 p.

------, *L'Art d'Afrique noire. Liturgie cosmique et langage religieux*, Paris, Mame, 1964, 159 p.

MWISSA, Camille, Kuyu, *Parenté et Famille dans les Cultures Africaines,* Paris, Karthala, 2005, 176 p.

NJOH MOUELLE, Ebenezer, *La philosophie est-elle inutile* ?, Yaoundé, Editions Clé, 2003, 111 p.

-------, *De la médiocrité à l'excellence*, Yaoundé, Edition Clé, 1998, 174 p.

NEUBERG, Marc, « Responsabilité », dans *Dictionnaire d'éthique et de philosophie morale*, Tome 2, sous la direction de Monique Canto-Sperber, Paris, Presses Universitaires de France, 2004.

PELLETIER, Pierre, *Les thérapies transpersonnelles*, Montréal, Fides, 1996, 472 p.

PERROUS, François, *Industrie et création collective*, Paris, Université de France, Tome II, 1970, 325 p.

PERROUX, François, *L'Economie du XXe siècle.* 3e éd. augmentée. Grenoble : PUG. 814p.

RACINE, Louis, LEGAULT, Georges, et BEGIN, Luc, *Ethique et ingénierie,* Montréal, McGraw-Hill, 1991, 285 p.

RAHNER, Karl, *L'homme à l'écoute du verbe*, Mane - Tours, 1968, 329 p.

RICOEUR, Paul, *Soi-même comme un autre*, Paris, Seuil, essais, 1990, 424 p.

RIST, Gilbert, *Le développement. Histoire d'une croyance occidentale*, Paris, Presses de la Fondation Nationale de Sciences Politiques, 1996, 427 p.

SCHOYANS, Michel, *La force cachée de l'ONU*, Paris, Le Sarment, 2000, 283 p.

SEN, Amartya, *Un nouveau modèle économique, Développement, Justice, Liberté*, Paris, O. Jacob, 2000, 356 p.

Sénèque, *Lettres à Lucillius*, 90, Livre XIV.

SEVE, Bernard, *Hans Jonas et l'éthique de la responsabilité,* p. 30-33.

SYLLA, Lanciné, *Anthropologie de la Paix. De la contribution de l'Afrique à la culture de la Paix*, Abidjan, Les Éditions du CERAP, 2007.

Sous la dir. de HÖFFE Otfried *Petit dictionnaire d'éthique* - éd. française adaptation et augmentation par SOSOE Lukas Paris, Cerf, 1993, 371p.

TAYLOR, Charles, *Les sources du moi : la formation de l'identité moderne,* Paris, Éditions du Seuil, 1998, 712 p.

-------, *Grandeur et misère de la modernité*, Montréal, Bellarmin, 1992, 150 p.

THOMAS, Louis-Vincent, LUNEAU, René*, La terre africaine et ses religions : traditions et changements,* Paris, L'Harmattan, 1995, 334 p.

VALADIER, Paul, *Du spirituel en politique*, Paris, Bayard, 2008, 128 p.

-------, *Le temps des conformismes. Journal de l'année 2004*, Paris, Le Seuil, 2005, 379 p.

-------, *Morale en désordre. Un plaidoyer pour l'homme*, Le Seuil, Paris, 2002, 212 p.

ENCYCLIQUES

Benoît XVI, *L'Eglise à l'heure de "Caritas in vitiate": la pensée sociale catholique: un défi pour le monde Caritas in Veritate, 7 juillet 2009, sur la doctrine sociale de l'Église*, Paris, Salvator, 2009, 199 p.

-------, *Lettre encyclique "Deus caritas est" du souverain pontife Benoît XVI aux évêques, aux prêtres et aux diacres, aux personnes consacrées et à tous les fidèles laïcs sur l'amour chrétien, Cité du Vatican: Libreria editrice vaticana* , Ottawa, Editions de la CECC, 2006, 53 p.

Jean-Paul II, *Faith and reason: encyclical letter Fides et ratio of the Supreme Pontiff John Paul II on the relationship between faith and reason,* Sherbrooke, Québec, Médiaspaul, 1998, 155 p.

-------, *Lettre encyclique Veritatis splendor du Souverain Pontife Jean-Paul II à tous les évêques de l'Église catholique sur quelques questions fondamentales de l'enseignement moral de l'Eglise,* Ottawa, Conférence des évêques catholiques du Canada, 1993, 190 p.

-------, *La question sociale: lettre encyclique de Jean-Paul II "Sollicitudorei socialis",* Paris, Cerf, 1988, 91 p.

--------, *Le travail humain: lettre encyclique de Jean-Paul II; introduction de Marie-Dominique Chenu*, Paris, Cana, Cerf, 1981, 109 p.

-------, *Le Rédempteur de l'homme : première encyclique "Redemptor hominis"*, Montréal, Editions Paulines, 1979, 59 p.

Paul VI, *Le développement des peuples*, Paris, Fleurus, 1967, 480 p.

AUTRES DOCUMENTS DE L'EGLISE

Catéchisme de l'Eglise catholique.

Compédium de la doctrine sociale de l'Eglise, Jean-Charles Descubes, Renato Raffaele Martino, Angelo Sodano. Conseil Pontifical Justice et Paix. Cerf.

Exhortation apostolique post-synodale, Ecclesia in Africa, Octobre 1995.

Exhortation apostolique post-synodale, Africae Munus, Octobre 2012.

ARTICLES

ARENDT, Hannah, *The Human Condition*, Chicago, University of Chicago Press, 1958.

Traduction française : *Condition de l'homme moderne*, Calmann-Lévy, 1961, 1983. Réédité avec une préface de Paul Ricœur – Pocket, 1988, 1992.

BACON, Francis, *La nouvelle Atlantide*, Flammarion, 1997, 174 p.

BARTHELEMY, Jean-Hugues, *Penser la connaissance et la technique après Simondon*, Paris, Harmattan, 2005, 314 p.

BOURGEAULT, Guy, «La responsabilité comme paradigme éthique ou l'émergence d'une éthique nouvelle » dans R. Bélanger et S. Plourde, *Actualiser la morale ; Melanges offerts à Rene Simon, 1992, p. 66-96.*

CAILLE, Alain « Sujets individuels et sujet collectif », dans *Philosophie et anthropologie*, Paris, Edition du Centre Pompidou, 1992, p.93-114.

DESCOMBES, Vincent « L'esprit comme esprit des lois » (entretien), in *Le Débat* n°90, 1996, p 35-56.71-92.

FUCHS, Josef, S.J., « Y a-t-il une éthique sociale spécifiquement chrétienne ?», dans, *Le Supplément* 96, 1971, p. 39-58.

HABERMAS, Jürgen, RAWLS, John, *Débat sur la justice politique*, Collection Humanités, Editions Cerf, 1997, p. 528.

HABERMAS, Jürgen, *Droit et morale*, Collection traces écrites, Editions du Seuil, 1997, 518 p.

JACQUARD, Albert, *Au péril de la science*, Paris, Seuil, Collection « Points/Sciences », 1982.

JONAS, Hans, *Le principe de responsabilité – une éthique pour la civilisation technologique*, Collection Passages, Editions du Cerf, 1993, 169 p.

KA MANA, La culture africaine peut-elle être porteuse d'une dynamique de développement aujourd'hui ? », Dans *Congo-Afrique*, n°436, Juin-Juillet-Août, 2009.

-------, « L'Eglise africaine et la théologie de reconstruction. Réflexion sur les nouveaux appels de la mission en Afrique », dans, *Bulletin du Centre protestant d'études*, Genève, n° 4-5, 1994, p. 5 - 44.

-------, -------, « Les philosophies négro-africaines face au problème du développement », dans *Zaïre-Afrique* (Kinshasa), déc. 1977, 17e année, n° 120, p. 591-608.

KAMTO, Maurice, *L'urgence de la pensée. Réflexion sur une pré-condition du développement,* Yaoundé, Mandara, 1993.

KREMER-MARIETTI, Angèle, *L'éthique*, Collection Que sais-je ? Paris, Presses Universitaires de France, 1987, 47 p.

LARMORE, Charles, *Modernité et morale*, Collection philosophie morale, Paris, Presses Universitaires de France, 1993, 208 p.

LONERGAN, Bernard, « Sustainable Development», Special Theme, *Canadian Journal of Regional Science, Revue Canadienne des Sciences Régionales*, vol. XVI, n°3, 1993, p. 335-534.

MAFFESOLI, Michel, *La conquête du présent. Pour une sociologie de la vie quotidienne*, Paris, Fayard, 1979.

MBAYE, Keba, « La charte africaine des droits de l'homme et des peuples », dans *Essays honnour of Judge Taslim Olawale Elias*, Vol. 1.

MELCHIN, Kenneth, «What is 'the Good' of Business? Insights from the Work of Bernard Lonergan », *Anglican Theological Review* 87 no. 1, hiver, 2005, p. 43-62.

MENY, Yves, *La corruption de la république*, Collection l'espace du politique, Editions Fayard, 1992, 180 p.

METOGO, Eloi, Messi, « Le christianisme, les religions traditionnelles et l'Islam dans l'Afrique d'aujourd'hui » dans *Inculturation et Conversion. Africains et Européens face au synode des Eglises d'Afrique*, Paris, Karthala, 1994.

MVENG, Engelbert, Essai d'anthropologie négro-africaine" in : *Bulletin de théologie africaine*, Volume 12, 1979, p. 86 – 96.

-------, « Paupérisation et développement », in *Terroirs*, n° 001, mai 1992.

NAUDET, Jean-Yves. *La doctrine sociale de l'Église : Une éthique économique pour notre temps*. Collection du Centre d'Éthique Économique (dirigée par Jean-Yves Naudet). Aix-en-Provence : PUAM, 2011.

-------, *Dominer la terre, « pour une économie au service de la personne »,* Collection cité vivante, Editions Fleurus, 1989, 61 p.

NDIAYE, Augustin Simmel, « Une minorité confessionnelle dans l'État laïc. Point de vue d'un chrétien », in Momar-Coumba DIOP (dir.), *Le Sénégal contemporain,* Paris, Karthala, 2002, 655 p.

NKOMBE, Oleko, *Pour une axiomatique du développement.* Essai de logique existentielle dans une vision africano-chrétienne du développement, Ottignies-Louvain-la-Neuve, Nouvelles Rationalités Africaines, 1986.

PERROUX, François, L'homme *centre de l'économie, la pensée de François Perroux*", *PROJET*, novembre-décembre, 1987.

PINTO DE OLIVERA, Carlos-Josaphat, *Ethique chrétienne et dignité de l'homme*, Collection Etudes d'éthique chrétienne, Editions Universitaires Fribourg-Editions du Cerf, 1992, 51 p.

RODEGEM, Firmin, *Paroles de sagesse au Burundi*, ISD, 1983, 499 p.

SERIS, Jean-Pierre, *La Technique*, Paris Université de France, 2000, 414 p.

SHERWIN S. Michael, *Théologie morale fondamentale*, Université de Fribourg.

SIMONDON, François, « Inégalité d'accès aux soins et dans la participation à la recherche à l'échelle mondiale-Problèmes éthiques », dans *Les Cahiers du CCNE*, octobre-novembre 2003, p.34-35.

TAYLOR, Charles, « Suivre une règle », dans *Critique*, n°579-580, 1996, p.554-572.

INTERNET

BUJO, Bénezet, *Dignité du travail dans l'enseignement social de l'Église et son impact sur le contexte culturel africain.* www.dottrinasocialedellachiesa.net/wpcontent/uploads/BUJO.pdf

DE BENOIST, Alain, *Brève histoire de l'idée du progrès*, http://alaindebenoist.com/pdf/breve_histoire_idee_de_progres.pdf

NJOH MOUELLE, Ebenezer, *Q du développement,* Conférence du décembre 2012. www.njohmouelle.org

-------, *Quelques réflexions sur le concept du développement durable,* www.njohmouelle.org

Tables de Matières

Religion

aux éditions L'Harmattan

Dernières parutions

CE CORPS LIVRÉ POUR VOUS
L'autre image du christ en croix
Villon Martin
Ce livre démontre que les images de la Crucifixion se sont érotisées au cours des siècles, jusqu'à devenir, si on les confronte à la morale qui s'en réclame, pornographique au même titre que certaines affiches de cinéma décriées par les autorités religieuses. A travers de nombreuses œuvres prises en exemple, l'auteur relève les signes de cette orientation. Cette double composante, sacrée et sexuelle, débouche sur l'autre image du Christ en croix.
(18.50 euros, 156 p., Illustré en couleur)
ISBN : 978-2-343-03469-0, ISBN EBOOK : 978-2-336-35163-6

RÉVÉLATION (LA) DE DIEU ET DE SA DISPENSATION DANS L'ÉVANGILE DE JEAN
Florentin Bruno
L'évangile de Jean se distingue des trois autres évangiles parce qu'il n'adopte pas le même point de vue qu'eux et parce qu'il ne s'inscrit plus dans la dispensation et l'avènement du Royaume. Pour Jean, Jésus est avant tout Dieu lui-même venu ici-bas. Ce qui en découle, ce qui en est impliqué et expliqué bouleverse la compréhension habituelle de toute la chrétienté. L'auteur a été pendant plus de dix ans enseignant dans une église.
(Coll. Religions et Spiritualité, 29.00 euros, 330 p.)
ISBN : 978-2-343-00294-1, ISBN EBOOK : 978-2-336-35226-8

DIALOGUE (LE) ISLAMO-CHRÉTIEN À L'ÉPREUVE
Père Anawati, o.p. - Dr Baraka – Une controverse au XXe siècle
Pisani Emmanuel
Cet ouvrage retrace l'histoire de la position théologique du Père Anawati, expert au Concile Vatican II sur les questions relatives à l'islam, et sur la réponse que lui a opposé le Dr. al-Baraka, enseignant de la prestigieuse Université d'al-Azhar. La traduction et la présentation des textes est une contribution notoire à l'histoire contemporaine de ce dialogue. L'auteur offre par ailleurs des clefs précieuses de discernement et de méthodologie afin d'éviter les confusions sémantiques et théologiques.
(Coll. Religions et Spiritualité, 20.00 euros, 214 p.)
ISBN : 978-2-343-03693-9, ISBN EBOOK : 978-2-336-35179-7

DICTIONNAIRE ALPHABÉTIQUE DES VERSETS DES DOUZE DERNIERS PROPHÈTES (Tome 1)
Traduction adaptée par Francis Weill
Peut-être parce qu'ils sont douze, peut-être parce qu'ils viennent après les puissantes colonnes de la prophétie biblique, ces prophètes sont souvent mal connus. C'est pourquoi l'auteur a élaboré ce dictionnaire. En consultant l'index alphabétique et les centaines d'entrées, le lecteur pourra compléter sa connaissance de l'héritage judéo-chrétien.
(Coll. Religions et Spiritualité, 59.00 euros, 784 p.)
ISBN : 978-2-343-03885-8, ISBN EBOOK : 978-2-336-35289-3

DICTIONNAIRE ALPHABÉTIQUE DES VERSETS DES DOUZE DERNIERS PROPHÈTES (Tome 2)
Traduction adaptée par Francis Weill
Peut-être parce qu'ils sont douze, peut-être parce qu'ils viennent après les puissantes colonnes de la prophétie biblique, ces prophètes sont souvent mal connus. C'est pourquoi l'auteur a élaboré ce dictionnaire. En consultant l'index alphabétique et les centaines d'entrées, le lecteur trouvera aisément ce que chacun des Douze dit de tel ou tel sujet.
(Coll. Religions et Spiritualité, 59.00 euros, 719 p.)
ISBN : 978-2-336-30706-0, ISBN EBOOK : 978-2-336-35290-9

YHWD DESCEND : JE SUIS CELUI QUI TOMBERA
Enquête linguistique dans les textes bibliques
Guibert Gaëll
Analysant les caractères communs des descentes de YHWH - nom propre de Dieu en hébreu - avec une méthode linguistique, l'auteur relie des textes bibliques hétérogènes véhiculant toutefois des représentations cognitives similaires. À travers une analyse spatiotemporelle et dialogique de textes théophaniques dérivée de la sémiotique, des représentations topologiques puis typologiques se dégagent des descentes de YHWH.
(52.00 euros, 586 p.)
ISBN : 978-2-296-99736-3, ISBN EBOOK : 978-2-296-53499-5

RÉPONSE À STEPHEN HAWKING
De la physique à la science-fiction
Smith Wolfgang
Préface de Jean-Jacques Flammang
Traduit de l'anglais par Ghislain Chetan
Qu'un physicien parle de physique, quoi de plus normal. Qu'il expose sa conception du monde - pourquoi pas. On quitte alors le domaine de la physique et on lui ajoute une métaphysique implicite. Le professeur Wolfgang Smith, dans sa réponse à Stephen Hawking, nous montre que l'on peut penser le réel et lui donner un sens rationnellement acceptable, en évitant les écueils des réductions idéalistes ou matérialistes.
(Coll. Métaphysique au quotidien, 12.00 euros, 102 p.)
ISBN : 978-2-343-00466-2, ISBN EBOOK : 978-2-296-53546-6

CHRÉTIENS ET JUIFS, JUIFS ET CHRÉTIENS
L'inéluctable fraternité
Weill Francis
Dix ans après un premier livre (*Juifs et Chrétiens, Requiem pour un divorce*, à L'Harmattan), cinquante ans après Vatican II, l'auteur revient sur la genèse de la séparation en plongeant dans l'histoire biblique des frères ennemis, Jacob et Esaü. Puis il étudie la problématique de la repentance et du pardon avant d'analyser des convergences et des divergences théologiques en dehors de toute démarche de syncrétisme.
(Coll. Religions et Spiritualité, 13.50 euros, 126 p.)
ISBN : 978-2-343-00266-8, ISBN EBOOK : 978-2-296-53277-9

AVENTURE (L') HUMAINE DU CHRISTIANISME
Des origines à la maturité
Giraud Robert
Ce bref essai vise à rendre accessibles les recherches et réflexions les plus récentes des historiens, des biblistes et archéologues sur les origines et les premiers siècles d'existence du christianisme. Il s'attache à faire revivre l'aventure des hommes qui, confrontés à des situations inédites se retrouvèrent à ouvrir des voies nouvelles, alors qu'ils se voulaient d'une fidélité inébranlable à la foi de leurs pères, et qui furent les acteurs du passage du yahvisme au judaïsme et du judaïsme au christianisme.
(14.00 euros, 132 p.)
ISBN : 978-2-343-00368-9, ISBN EBOOK : 978-2-296-53940-2

LAÏCITÉ (LA)
Nouveaux regards sur l'Antiquité et le Moyen Age
Sous la direction de Jacques Bouineau
Hérodote l'a dit : «les Égyptiens sont les plus religieux de tous les hommes». On sait par ailleurs que l'Antiquité dite classique connaissait une religion civique et que, même si le poids de la religion se modifie, voire s'estompe, la Grèce et Rome sont inséparables de leurs dieux. Il en va *a fortiori* de même à l'époque médiévale. Peut-on dès lors raisonnablement parler de «laïcité» durant tous ces siècles ? Si on dépasse les apparences, les réalités deviennent plus nuancées.
(Coll. Méditerranées, 20.00 euros, 194 p.)
ISBN : 978-2-343-00736-6, ISBN EBOOK : 978-2-296-53856-6

QUAND ILS DISENT « ÉGLISE »
Hommes et femmes pour une parole libre et partagée
Hubert Daniel
Daniel Hubert a souhaité faire entendre la voix des «gens ordinaires», ceux qui ne font pas de conférences, ne parlent pas en chaire mais dans leur chair et dans leur sang. Ces lettres ont été écrites au moment où l'on vient de célébrer les 50 ans du Concile Vatican II. Ces extraits disent quelque chose de ces moments de vie et approchent ce quelqu'un qui n'en finit pas d'être vivant malgré tout.
(13.50 euros, 130 p.)
ISBN : 978-2-343-01121-9, ISBN EBOOK : 978-2-296-53941-9

À LA DÉCOUVERTE D'UNE THÉOLOGIE TRINITAIRE CHEZ LES BANTU – ou le Dieu Trine dans l'ontologie africaine
Maweni Malebi Stanislas
Devenir chrétien est-il un gain ou une perte par rapport aux croyances traditionnelles du Muntu ? Est-ce un choix raisonnable pour le Muntu ou une fuite du poids de la tradition ? L'auteur part d'une étude anthropologique du peuple bantu à qui il souhaite proposer un horizon sotériologique, loin de toute aliénation ancestrale. Il présente le Muntu comme celui qui reçoit sa parole des ancêtres. Il n'est que le garant de la parole.
(Coll. Afrique théologique & spirituelle, 25.00 euros, 240 p.)
ISBN : 978-2-343-00922-3, ISBN EBOOK : 978-2-296-53751-4

ET SI ON RELISAIT LE CORAN ?
Traoré Kéïta Hanane
L'Islam est une religion vivante. Pour cela, il faut inscrire la réflexion sur la pensée islamique dans une perspective moderne, afin que les musulmans puissent se réinsérer dans l'histoire et accéder à l'universel. J'appelle à une révision, de l'intérieur, des conceptions courantes encore attachées au credo islamique, à un renouvellement des interprétations historiques afin d'y intégrer des concepts modernes de démocratie et de droits de l'Homme.
(Coédition La Sahelienne, 11.50 euros, 80 p.)
ISBN : 978-2-343-00674-1, ISBN EBOOK : 978-2-296-53536-7

ÉDUCATION ET ÉDUCATEURS CHRÉTIENS
Sous la direction de Hervé Pasqua - Avec la collaboration de Marie-Thérèse Bellocq
La transmission d'un savoir qui n'est pas au service du vrai est manipulation et endoctrinement et Hannah Arendt l'a montré : le mensonge est le fondement de tous les totalitarismes. Il y a un vrai savoir qui est un savoir du vrai et qui rend libre. L'étude des grandes éducateurs chrétiens - Jean-Baptiste de La Salle, Don Bosco, François de Sales, Josémaria Escriva, John Henry Newman, Edith Stein - permet d'approfondir la véritable nature de l'éducation.
(Coll. Enfance éducation et société, 26.00 euros, 270 p.)
ISBN : 978-2-343-00552-2, ISBN EBOOK : 978-2-296-53502-2

DIEU PERSONNEL ET L'ULTIME RÉALITÉ
Je serai qui je serai (Exode 3, 14)
Thayse André
Pourquoi y a-t-il quelque chose plutôt que rien ? Le mystère ultime de l'univers est bien son existence et son sens. En Europe occidentale, deux traditions ont cristallisé ce désir de connaître, de se situer : celle qui s'appuie sur les spiritualités et celle qui a recours au scientifique. L'une privilégiant la recherche de sens, l'autre la recherche de la vérité scientifique. Cet ouvrage veut mettre en évidence la complémentarité, mais aussi la relativité de ces deux traditions.
(Coll. Religions et Spiritualité, 17.00 euros, 166 p.)
ISBN : 978-2-343-00569-0, ISBN EBOOK : 978-2-296-53509-1

L'HARMATTAN ITALIA
Via Degli Artisti 15; 10124 Torino

L'HARMATTAN HONGRIE
Könyvesbolt ; Kossuth L. u. 14-16
1053 Budapest

L'HARMATTAN KINSHASA
185, avenue Nyangwe
Commune de Lingwala
Kinshasa, R.D. Congo
(00243) 998697603 ou (00243) 999229662

L'HARMATTAN CONGO
67, av. E. P. Lumumba
Bât. – Congo Pharmacie (Bib. Nat.)
BP2874 Brazzaville
harmattan.congo@yahoo.fr

L'HARMATTAN GUINÉE
Almamya Rue KA 028, en face du restaurant Le Cèdre
OKB agency BP 3470 Conakry
(00224) 60 20 85 08
harmattanguinee@yahoo.fr

L'HARMATTAN CAMEROUN
BP 11486
Face à la SNI, immeuble Don Bosco
Yaoundé
(00237) 99 76 61 66
harmattancam@yahoo.fr

L'HARMATTAN CÔTE D'IVOIRE
Résidence Karl / cité des arts
Abidjan-Cocody 03 BP 1588 Abidjan 03
(00225) 05 77 87 31
etien_nda@yahoo.fr

L'HARMATTAN MAURITANIE
Espace El Kettab du livre francophone
N° 472 avenue du Palais des Congrès
BP 316 Nouakchott
(00222) 63 25 980

L'HARMATTAN SÉNÉGAL
10 VDN en face Mermoz, après le pont de Fann
BP 45034 Dakar Fann
33 825 98 58 / 33 860 9858
senharmattan@gmail.com / senlibraire@gmail.com
www.harmattansenegal.com

L'HARMATTAN BÉNIN
ISOR-BENIN
01 BP 359 COTONOU-RP
Quartier Gbèdjromèdé,
Rue Agbélenco, Lot 1247 I
Tél : 00 229 21 32 53 79
christian_dablaka123@yahoo.fr

Achevé d'imprimer par Corlet Numérique - 14110 Condé-sur-Noireau
N° d'Imprimeur : 112382 - Dépôt légal : octobre 2014 - *Imprimé en France*

www.ingramcontent.com/pod-product-compliance
Lightning Source LLC
LaVergne TN
LVHW010928061026
849535LV00007B/2289